그대,
그대로도 좋다

그대, 그대로도 좋다

지은이 | 이규현
초판 발행 | 2013년 12월 02일
3쇄 발행 | 2021년 05월 25일
등록번호 | 제1988-000080호
등록된 곳 | 서울특별시 용산구 서빙고로65길 38
발행처 | 사단법인 두란노서원
영업부 | 2078-3352   FAX | 080-749-3705
출판부 | 2078-3331

책값은 뒤표지에 있습니다.
ISBN 978-89-531-1989-5 03230   Printed in Korea

독자의 의견을 기다립니다.
tpress@duranno.com   www.duranno.com

두란노서원은 바울 사도가 3차 전도여행 때 에베소에서 성령 받은 제자들을 따로 세워 하나님의 말씀으로 양육하던 장소입니다. 사도행전 19장 8-20절의 정신에 따라 첫째 목회자를 돕는 사역과 평신도를 훈련시키는 사역, 둘째 세계선교(TIM)와 문서선교((단행본·잡지))사역, 셋째 예수문화 및 경배와 찬양 사역, 그리고 가정·상담 사역 등을 감당하고 있습니다. 1980년 12월 22일에 창립된 두란노서원은 주님 오실 때까지 이 사역들을 계속할 것입니다.

그대,
그대로도 좋다

이규현 지음

두란노

프롤로그

치유와 내면의 풍성함을 위한
생명 언어

　책을 내기 전에는 좀 머뭇거려진다. 용기가 필요하다. 부담 없이 누구나 편안하게 대할 수 있는 글들을 모아보았다. 『그대, 느려도 좋다』의 2탄쯤 된다. 매주 한 편씩 마감에 쫓기며 쓴 글들이라 아쉬움이 있다. 숙성된 글들이라기보다 아직은 덜 익은 이른 열매 같은 느낌이다. 겉도는 말의 잔치가 아니라 사람들에게 감동이 있는 글들이었으면 하는 마음은 있지만 희망일 뿐이다. 주로 손에 닿는 일상적인 주제들을 다루었다. 삶에 도움이 되는 글, 때로는 생각을 돕는 글들도 있다. 경계선이 모호한 것들에 선을 덧입히는 작업을 한 글들도 있다.

　나는 글을 잘 쓰지 못하지만 글 쓰는 일을 즐거워한다. 흩어진 생각들을 모으고 배열하다 보면 내면을 정리하는 데 글만한 것이 없다. 글을 쓰는 동안 생각을 곰삭히는 것이 좋다. 생각을 멈추면 글도 멈춘다. 사색 속에서 글이 나오고, 글을 쓰다 보면 사색이 익어간다. 때로는 단어 한두 개와 씨름하다 보면 사유가 디테일해지고 풍성해진다. 어떤 문장 한 줄이 마음에 잔잔한 파문을 일으키기도 한다. 시간을 잊은 채 언어의 집을 짓고 허물기를 반복하다 보면 내면세계는 고궁의 뜰과 같이 고즈넉해진다. 삶의 이야기를 풀어 가다 보면 내 의식과 감성이 깨어나 나를 빚어 가는 것을 경험한다.

살다 보면 일상에 묻혀 사고의 편집증세가 일어난다. 생각에 곰팡이가 피면 쓸데없는 고집이 늘어나고, 고루해지면 나 자신이 싫어진다. 글은 자신을 객관화시키고 세상과 소통을 시도하는 일이다. 생각의 파편들을 모아 적다 보면 창조 작업이 된다. 단어와 단어가 만나고 문장과 문장이 어우러져 의미와 주제가 있는 메시지로 탄생되는 과정이 즐겁다. 잉태한 생각을 글로 표현하면 글은 시간 속에서 새로운 생명으로 탄생된다. 글에는 묘한 힘이 있다. 언어에 생명이 녹아들면 사람들의 영혼을 움직이는 일이 일어난다. 언어에 사랑을 덧입히면 읽는 이의 가슴을 떨리게 한다. 글의 행간은 마음과 마음을 이어주는 여백이다.

　글을 쓰기 위해 시간을 확보하는 일이 어렵다. 쫓기듯 살다 보면 쓸 시간이 없다. 반강제적으로 나를 내몰지 않으면 안 된다. 일상에서 억지로 빠져나오는 도발을 해야 한다. 스스로 외롭게 만들어야 한다. 억지로라도 글을 쓰다 보면 생각의 환풍이 일어나 경직되지 않는다. 일상의 다양한 주제들을 다루다 보면 여기저기를 기웃거리게 되고, 세상과 만나는 즐거운 나들이가 된다. 바쁜 일상에 그냥 주섬주섬 떠오르는 대로 길어 올린 글들이라 일관성 있게 쓴 글은 아니다. 어느 페이지에서부터 시작해도 좋다. 그냥 읽다가 어느 구석진 곳의 단어 하나라도 가슴에 부딪힌다면 더 이상 바람이 없겠다.

　이 책의 출간을 위해 수고한 분들에게 감사를 드리고 싶다. 비서

실 노병균, 조우현 목사, 두란노 편집부의 노고와 부족한 글에 격려를 보내 주신 모든 분들에게 감사를 드린다. 매주 수영로신문에 연재되었던 작은 글들이 한 권의 책으로 묶여 보다 많은 분들과 만날 수 있게 되어 감사할 뿐이다. 마지막으로 언제나 최고의 헬퍼가 되어 준 사랑하는 아내와 두 아들에게 깊은 감사를 표현하고 싶다.

2013년 12월
해운대에서 이규현 드림

차례

프롤로그

Part 1
삶이라고 적고 앎이라고 읽는다

01 성공의 반대편에 승리가 있다 _14
02 내달림과 멈춤의 조화 _20
03 앎과 삶, 그 거대한 차이 _26
04 시계는 뒤로 돌지 않는다 _32
05 여백의 미학 _38
06 진리를 향한 배움의 길 _44
07 잃는 것과 얻는 것 _50

Part 2
세상에 작고 하찮은 것은 없다

08 인생의 갈림길의 복병 _58
09 작고 하찮은 것은 없다 _64
10 뻔 한 반복, 펀(Fun)한 반복 _70
11 집중력이 관건이다 _76
12 일상, 그 행복의 자리 _82
13 새롭게, 또 새롭게 _88
14 바이올린의 현을 잠시 풀 듯이 _94
15 다르게 보는 것은 시력이 아니라 실력이다 _100

Part 3
어디까지나 바람이다

16 짐이 가벼우면 여행이 즐겁다 _108
17 제발, 억지로는 NO! _114
18 고난도 힘 빼기 _120
19 적게 가지고 많이 누리기 _126
20 킥(Kick)과 터치(Touch)의 차이 _132
21 외로움에서 고독으로 _136
22 잠시 거리 두기 _142

Part 4
꽃은 시들어도 뿌리는 겨울을 살아낸다

23 냉정과 열정 사이 _150
24 아프지 않은 사람은 없다 _156
25 실수를 줄이는 것이 실력이다 _162
26 과거와 미래 사이에서 _168
27 남김 없이 쓰고 가는 것이 인생이다 _174
28 초연히, 관조하듯 _180
29 국화 향기에 젖어 _186

Part 5
아름답지 않은
꽃은 없다

- 30 사랑한다는 것은… _194
- 31 보이는 나, 숨은 나 _200
- 32 모든 아름다운 것에는 시작이 있다 _206
- 33 아름답지 않은 꽃은 없다 _212
- 34 그 정도면 괜찮아! _218
- 35 작고 평범한 그러나 아주 위대한 _224
- 36 늘 처음처럼 _230
- 37 당신은 아주 특별하다 _236

삶이라고 적고 앎이라고 읽는다

1부

삶이라고 적고
앎이라고 읽는다

삶이라고 적고 앎이라고 읽는다

01
성공의 반대편에
승리가 있다

성공의 어두운 그림자

성공은 짜릿한 유혹이다. 성공을 원하지 않는 사람은 없다. 본능적이다. 사람들은 성공을 추구한다. 세상적 가치의 중심에는 성공이 굳게 자리 잡고 있다. 성공 자체로는 좋다거나 나쁘다고 할 수 없다. 어떤 영역에서 성공을 거두었다는 것은 대단한 일이다. 문제는 성공 자체만을 목적으로 삼는 태도다. 어떤 일을 열심히 하다 보니 성공이라는 결과가 주어지는 것이지 성공이 목적이 되어선 안 된다. 성공에만 집착하고 추구한다면 그것은 성공주의라고 할 수 있다. 성공주의는 성공을 최고의 가치로 삼는다. 성공주의의 논리는 과정보다 결과에 집착한다. 과정은 무시되고 드러난 결과로 모든 것을 정당화하려는 경향을 가진다. 성공주의는 이기적이다. 자신 혼자만의 성공으로 만족한다. 성공의 과정에서 생길 수 있는 도덕적 결함이나 주변의 상황을 고려하지 않는다.

인간을 영웅시하려는 세상의 문화 안에는 성공주의가 자리 잡고 있다. 성공주의에는 짙은 그림자가 드리워져 있다. 겉은 화려한데 이면은 어둡다. 한 사람의 성공을 위해 상처로 얼룩진 부상자들이 많을 수밖에 없다. 그래서 세상은 외로운 성공자들로 북적댄다. 성공은 했지만, 그의 곁에는 아무도 없기 때문이다. 그의 성공에 아낌없는 박수를 쳐 줄 이가 없다면, 그 성공은 실패한 성공이고 불행한 성취다.

성공의 기준이 중요하다. 위로 올라가는 것만 성공이라고 여긴다면 언제 어디에서 떨어질지 모른다. 세상적 성공은 항상 높은 곳을 지향한다. 높은 곳은 비좁아서 한정된 사람들만 오를 수 있다. 그만큼 치열하고 살벌한 곳이다. 소수의 사람만이 성공을 획득하고 대부분을 낙오자로 만드는 불행한 세상이 전개된다. 그러나 그리스도인은 성공보다 승리를 추구하는 사람이다.

성공과 승리를 구분해 볼 수 있다. 성공이 인간 스스로 노력하여 획득하는 것이라면, 승리는 하나님이 수여하시는 것이다. 성공이 인간의 능력을 강조한다면, 승리는 하나님께서 이루시는 것이다. 성경에 나오는 인물들은 성공자가 아니라 승리자들이라고 할 수 있다. 이스라엘 대군을 이끌고 홍해를 건넜던 전설적인 영웅 모세, 골리앗에게 압승한 다윗의 영웅담은 개인의 성공이나 출세가 아니라 하나님으로부터 주어진 승리의 이야기다. 이 이야기의 영웅은 인간이 아니라 하나님이시다. 성공과 승리는 전혀 다른 이야기다. 승리를 성공과 혼동하면 안 된다.

성공은 꽃과 같다. 꽃은 화려하고 매력적이다. 인간의 마음을 빼앗아 간다. 이목을 집중시키는 강력한 마력이 있다. 성공이 주는 기쁨이 있다. 그러나 꽃의 운명처럼 성공의 운명은 그렇게 길지 않다. 한때 성공한 사람들은 너무도 많다. 하지만 영원한 성공은 없다. 성공의 뒤안길에는 슬픈 역사를 숱하게 품고 있다. 미처 준비도 안 된 채 성공을 덥석 잡는 순간, 영혼을 잃어버리는 경우가 많다.

승리는 열매와도 같다. 열매는 꽃에 비해 화려하지 않다. 대체로 별 모양이 없고 투박하다. 승리는 자아도취가 아니라, 모두에게 기쁨을 안겨 준다. 승리의 결과는 자신만의 전유물이 아니다. 개인보다 공동체적 의미가 있다. 한 사람의 유희가 아니라 모든 사람의 행복을 보장해 주어야 진정한 승리다. 성공은 질투와 시샘을 불러오지만 승리는 존경과 선망의 대상이 된다. 성공은 교만을 대동하지만, 승리는 교만할 여지가 없다. 성공의 자리에는 화려한 기념비가 세워지지만, 승리의 자리에는 자랑할 아무 자리조차 마련되지 않는다.

승리를 선택하신 그리스도

승리의 최고 롤모델은 바로 예수 그리스도이시다. 예수님은 자신을 왕으로 삼기 위해 몰려오는 대중의 환호에 유혹을 받지 않으셨다. 또 광야에서 마귀의 유혹은 달콤한 것이었다. 그러나 예수님은 과정이 없는 화려한 결과를 부추기는 세 가지 시험에서 승리하셨다. 예수님은 성공주의의 위험성을 정확히 간파하셨다. 성공주의 안에는 마약 성분의 요소가 숨어 있다. 한번 맛을 보면 쉽게 빠져나올 수 없다. 예수님은 성공의 순간적인 단맛을 멀리하시고, 성공의 반대편에 있는 십자가의 쓴잔을 선택하셨다. 성공의 탐닉보다 승리의 길을 선택하신 것이다. 승리의 삶은 십자가에 해답이 있다. 성공에 눈먼 시대, 순간의 짜릿함에 광란하는 시대에 필요한 최고의 해독제는 오직 십자가 뿐이다. 우리는 순간순간 은밀하게 파고드는 성공주의의 유혹을 십자가에 못 박고, 승리를 향해 걸어가신 예수 그리스도의 삶을 절실히 요구되는 시대를 살고 있다.

02
내달림과
멈춤의 조화

속도에 미쳐 가는 시대

독일의 아우토반에서 자동차로 마음 놓고 달려 본 적이 있다. 속도에 취해 달리다 보면 더 빨리 달리고 싶은 욕망에 시달린다. 빠른 줄 모르고 내달리다 보면 유럽의 어느 국경선을 금방 넘어서고 만다. 선진국마다 좀 더 빠른 고속철도를 도입하면서 첨단화를 놓고 경쟁하는 것에는 질주 본능이 있는 듯하다.

속도를 능력으로 보는 시대다. 속도를 내다 보면 어느 순간 속도를 느끼지 못할 때가 있다. 비행기가 하늘 위에서 날고 있을 때 타고 있는 사람들은 속도를 느끼지 못한다. 오히려 느리게 느껴진다. 잠이 들고 깨기를 반복해도 여전히 하늘이다. 너무 빠른 속도 안에 계속 있다 보니 속도를 느끼지 못하는 것이다. 일상에 취해 바쁘게 지내다 보면 시간의 흐름을 감지하지 못한다. 1월에서 본 12월은 아득해 보인다. 그러나 금세 한걸음에 연말이 되고 만다.

빠름이 우상인 시대에 살고 있다. 빠른 것이 경쟁력이다. 빠름, 빠름을 자랑한다. 우스갯소리로 배달의 민족(?)인 한국은 총알 배달의 경지에 이르렀다. 속도에 생명을 걸고 산다. 느린 것은 불편이 아니라 용서받지 못할 죄악으로 심판대에 세운다. 속도에 목을 매는 것 역시 시간이 없기 때문이라고 한다. 그러나 나중에 보면 속도로 번 시간을 휴대전화 게임에 허비하고 있다. 이처럼 속도를 위한 속도는 의미가 없다. 속도가 목적이어서는 안 된다.

단순히 내달리기만 하는 것은 무모한 도전일 뿐이다.

잠시 멈춰 서야 할 때

중요한 것은 균형이다. 물론 빨리 달려야 할 때가 있다. 한 사람의 생명을 구하는 구급차는 시간이 곧 생명이다. 환자의 생명이 촌각을 다투는 위급한 상황에서 속도를 나무랄 사람은 없을 것이다. 그러나 때로는 아무리 바쁜 일이 있다 해도 도움이 필요한 사람이 있다면 가던 길을 멈추어 설 줄도 알아야 한다. 달리기만 하는 것이 아니라 멈추어 설 줄도 알고, 멈추어 서는 것만이 아니라 어떤 때는 생명을 거는 모습이 아름답다. 이것은 균형이고 동시에 조화다.

자신의 삶에 최선을 다하다 보면 무섭도록 질주해야 할 때가 있다. 비행기가 활주로에서 하늘을 날아오를 때는 뒤를 보지 않아야 한

다. 그때는 한 치의 주저함도 용납되지 않는다. 오직 한 곳을 향해서 모든 것을 걸어야 한다. 날아올라야 할 때 날아올라야 한다. 타이밍을 놓치면 그 육중한 기체는 하늘로 날아오를 수 없다. 그러나 때로는 자전거를 타고 시간을 잊은 채 강변을 배회할 때도 있어야 한다. 서쪽 하늘에 노을이 지고 있을 때 속도를 내는 것은 잔인한 일이다. 잠시 멈추어 서서 하늘을 바라볼 줄 아는 여유로움이 필요하다. 한쪽이 목적을 위한 내달림이라면 다른 한쪽은 목적을 잊은 쉼이라고 할 수 있을 것이다. 달림과 멈춤의 조화가 인생을 아름답게 채색하는 것이다.

예전에 시골 역마다 멈추어 섰던 완행열차의 운치가 그립다. 고속열차가 목적주의에 가깝다면 완행열차는 과정의 누림이라 할 수 있다.

비행기는 한쪽 날개만으로는 날 수 없다. 균형을 잃은 비행기는 고철 덩어리에 불과하다. 우리 시대는 한쪽 날개를 잃어버린 것 같다. 정신없이 산다. 속도에 넋이 나갔다. 모두 달리기만 한다. 달리는 사람들 사이에서 영문도 모르고 헉헉대며 덩달아 뛰고 있다. 멈추어 서야 할 정거장이 보이지 않는다. 브레이크가 고장이 났다. 시간은 화살처럼 날아간다. 그런데 과녁이 없다. 허공을 치던 화살은 갑자기 바닥으로 곤두박질치고 만다. 속도에 떠밀려 미아가 갈수록 늘어나고 있다.

  속도에만 빠지면 사람이 미친다. 빠른 시간의 소용돌이에 휘말려선 안 된다. 시간의 주도권을 놓쳐선 안 된다. 시간의 횡포에 희생당하지 않도록 마음을 다잡아야 한다. 시간의 완급 조절이 가능해야 한다. 시간의 밀도를 높여야 할 때도 있지만 때로는 시간의 여백을 만들어야 한다. 시간이 돈일 때도 있지만 사랑과 연결되면 시간은 멈추어 선다. 사랑에는 시간 낭비라는 개념이 없다. 시간이 경제나 과학의 편에 붙으면 속도에 휘말리고 만다. 그러나 예술과 만나면 시간을 잊은, 세월을 곰삭은 작품을 탄생시킨다. 지금은 균형과 조화가 필요한 때다.

03
앎과 삶,
그 거대한 차이

아는 것으로는 부족하다

요즘 떠돌아다니는 건강에 대한 지식을 다 모으면 영생의 세계로 인도해 줄 것처럼 보인다. 그러나 건강하게 사는 법을 아는 것과 건강하게 살아가고 있는 것은 다르다. 또 행복한 삶의 원리를 아는 것과 실제로 행복한 삶을 살고 있는 것은 다르다. 행복전도사로 알려져 있는데 정작 본인의 실제 삶은 비참한 경우가 있다. 재테크 노하우는 아는데 한 번도 돈을 모아 본 적이 없는 사람이 있다. 남의 사주팔자는 잘 보면서 정작 자신은 길거리에 자리를 깔고 있다는 것은 아이러니한 일이 아닐 수 없다. 수영을 실제로 할 줄 아는 것과 수영 교습 책을 10권 정도 읽은 것은 다르다.

요즘은 지식 폭주의 시대다. 정보가 홍수처럼 범람하고 있다. 어디에나 각종 묘수와 방법론이 넘쳐흐른다. 알고 싶은 것이 있으면 즉시 휴대전화를 통해 정보를 얻을 수 있다. 암에 대한 치료법을 알고

싶다면 인터넷으로 수만 가지의 방법들을 소개받을 수 있다.

문제는 내가 알고 있는 것만으로는 안 된다는 데 있다. 아는 것은 그냥 아는 것일 뿐이다. 아는 것과 실력은 별개다. 아는 것을 삶 속에서 실제화하는 것은 전혀 다른 이야기다. 아는 것과 경험하여 체득하는 것은 하늘과 땅 차이다. 사실 경험하지 않은 것은 아는 것이라고 말할 수 없다. 이론으로는 될 줄 알았는데 실제로는 이론과 맞지 않는 경우가 있다. 심지어 반대인 경우도 있다. 이론과 실제의 차이는 어디에나 존재한다. 말은 무성한데 실제화하지 않은 것은 그냥 지식의 덩어리다. 지식은 늘어났지만 쓸데없는 지식이 너무 많아졌다. 사람들은 이전에 비해 확실히 똑똑해졌다고 할 수 있지만 지혜로워졌는지는 미지수다.

우리는 어떤 것을 처음 깨닫게 되었을 때 큰 감동을 받는다. 그러나 감동으로 끝나면 그것으로 끝이다. 감동을 받고 결심을 하는 경우도 있다. 결심 역시 누구나 한다. 해가 바뀔 때마다 비장한 결심을 하지 않는 사람은 없다. 그러나 중요한 것은 그 다음이다. 아는 것을 실제 세계로 가지고 나가서 경험하고 입증하는 과정을 거쳐야 한다. 아는 것을 실제화하는 과정에서 엄청난 격차를 절감하게 된다.

인생은 길고 긴 싸움이다

알고 있는 지식의 세계가 나의 것으로 자리를 잡으려면 반복적 적용이 필요하다. 수없는 시행착오를 거쳐야 한다. 포기해 버리고 싶은 유혹을 안으로 삼켜야 한다. 뚜렷한 증상이 나타나지 않아도 묵묵히 밀고 나가는 뚝심과 성실함이 기본적으로 받쳐 주어야 한다. 이론의 세계에서 경험의 세계로 넘어가는 길은 험난하다. 잡힐 듯 잡히지 않는 첨예한 접경 지역을 통과해야 비로소 서서히 다가오는 실체를 느끼게 된다.

중요한 것은 지속적인 적용이다. 수영을 배울 때, 수없이 수면 위 아래를 오가며 허둥대다가 어느 순간 갑자기 몸이 뜬다는 사실을 감지한다. 그때 "아, 이거구나!" 하는 탄성이 나오게 된다. 비로소 말로는 설명할 수 없는 무엇이 온몸에 전달된다. 앎과 삶이 통합되는 순간이다. 정보의 창고에 있던 지식 덩어리가 내 몸에 용해되는 경험을 통해 나만의 비밀 창고에 삶의 귀중한 자산이 곱게 쌓이게 된다. 그것은 힘이요 생명이 된다. 몸이 물에 뜬다는 단순한 이론이 경험의 세계 안으로 들어오면서 거듭나게 되고, 그때부터 물과 친밀해지면서 물의

역사 안으로 들어가는 것이다.

  수영이야 며칠 정도면 터득이 되겠지만, 시대를 거치면서 대대로 만들어지는 세계도 있다. 내가 알고 있는 것을 아는 것이라고 착각하면 큰일 난다. 삶은 이론의 싸움이 아니라 경험의 싸움이다. 경험은 대가를 충분히 지불해야 한다. 탄탄한 이론과 실제를 겸비하면 어느 날 두각을 드러내게 되어 있다. 위대한 인생은 머리에 있는 것을 몸으로, 몸에서 다시 인생 전체로 연결해 가는 치열한 싸움을 이겨 내는 것이다. 유진 피터슨(Eugene H. Peterson)은 "우리가 큰일을 하는 것은 특별한 일이 아니다. 우리가 선한 일을 하는 것도 특별한 일이 아니다. 그러나 그 일을 계속 유지하는 것은 특별한 일이다"라고 했다.

  내가 알고 있는 것을 자랑하는 것은 의미가 없는 시대다. 수영 교습 책 몇 권 독파했다고 자랑하다가 물에서 허우적거리다가 괜히 창피만 당하게 된다. 내가 알고 있는 것을 내면화하고, 앎과 삶의 거리를 좁히고 일치를 이루는 삶, 그것을 위해 길고도 지루한 싸움을 해야 한다. 그 길을 거치지 않는 진리의 성육신이란 요원한 일일 것이다.

04
시계는
뒤로 돌지 않는다

삶은 시간의 흔적이다

바늘이 뒤로 돌아가도록 만든 시계는 없다. 손으로 시계의 바늘을 뒤로 돌릴 수는 있으나 시간은 돌려지지 않는다. 아무리 힘센 사람이라도 초침 하나의 시간조차 뒤로 돌릴 수 없다. 시계를 부서뜨리거나 잃어버릴 수는 있지만 시간은 사라지지 않는다. 어떤 일에 몰두하다가 한순간 시간을 잊기도 하지만, 시간은 언제나 나와 함께 있다. 시계의 바늘은 미래를 향해 가고 있다. 시간은 과거에 볼모로 잡혀 있지 않고, 현재라는 시간에도 눌러앉아 있지 않는다. 시간은 항상 미래를 향해 손을 내민다. 시간은 얄미울 정도로 앞만 보고 달려간다. 시계는 가끔 배터리의 수명이 다하면 고요히 잠을 잔다. 그러나 시간은 단 한 순간도 멈추지 않는다. 시간의 속도는 늦춰지거나 빨라지지 않는다. 시간은 언제나 일정하고 올곧다.

   시간을 뒤로 돌릴 수 없다는 것은 심판이다. 삶은 시간의 흔적으로 평가받는다. 삶의 흔적은 시간의 발자국이다. 또한 시간이 멈추지 않고 앞을 향해 가고 있다는 것은 축복이다. 지나간 시간의 흔적을 지울 수는 없지만 새로운 흔적을 만들어 낼 수 있다는 것은 기회다. 얼굴에 생겨난 주름은 흘러간 시간의 흔적이지만, 동시에 미래를 풍요롭게 여는 지혜의 샘터이기도 하다.

가끔 시간이 거꾸로 가는 듯한 일이 생길 때가 있다. 살다가 저지른 어처구니없는 실수들 때문이다. 실수를 하는 순간, 시간은 뒤로 미끄러진다. 반복되는 실수는 시간을 과거로 흐르게 한다. 어제의 실수를 오늘도 반복하는 것은 시간의 퇴행이다. 과거의 상처에 계속 머물러 있다면 시간은 멈춘 것과 같다. 어제의 아픈 기억에 몸부림치며 과거의 시간에 서성이는 사람들은 추억의 박물관에 갇힌 미라와 다를 바 없다. 수천 년의 세월이 흘렀지만 그 모습 그대로 그곳에 있다는 것은 아픈 과거만 크게 부풀어져 있을 뿐이다. 잔인한 과거의 시간, 그 흉기에 죽은 시간들이 많다. 겨울이 가고 봄이 와도 아픈 기억의 편린을 털어 버리지 못하고 싸늘한 냉기에 얼어붙은 삶은 비극이다. 시간이 멈추어 버린 삶에는 봄이 없다.

시간 안에 회복이 있다

인생은 시간을 타고 미래로 가는 여행이다. 삶이 아무리 답답하고 어려워도 미래의 시간에서부터 풍겨 오는 희망의 냄새를 맡으면 살 맛이 난다. 그러나 미래보다 과거에 묻은 쾌쾌한 냄새가 더 지독하게 풍겨 오면 현재의 시간은 질식하고 만다. 시간이 생명의 기운을 잃는 것이다. 시간이 멈추면 죽음을 방불한 삶이 된다. 시간은 생명이다. 새로운 시간을 환영할 때 거기에서 생명력이 피어오른다.

때로는 나를 죽일 것 같은 끔찍한 경험이 일어난다 해도 다시 살아갈 수 있는 것은 다가오는 미래 때문이다. 다가오는 시간을 부정하지 않으면 그 시간 안에 회복의 힘이 감추어져 있다. 나의 미래에서 마중 나오는 시간을 반갑게 맞아들인다면 기이한 생명의 힘으로 답례를 받게 된다. 나를 좀처럼 놓아 주지 않으려고 하는 과거에 대해서는 손사래를 치고, 다가오는 미래를 향하여 손을 뻗어 환호해야 한다. 시간에 대한 경외심을 가져야 한다. 단 한 시간도 성스럽기 그지없다. 과거의 아픈 상처의 기억들, 못다 이룬 것에 대한 미련들, 그리고 실패로 점철되었던 삶의 굴레들을 던져 버려야 한다. 무의미한 반복 속에서 현재라는 창살 안에 무료하게 갇혀 버린 나를 해방시켜야 한다. 그리고 매일 다가오는 미래를 낯설어하지 않고 친숙하게 받아들일 때 삶은 날마다 새로워진다.

시간 안에 우리의 잃어버린 것들에 대한 회복이 들어 있다. 매일 나를 향해 다가오는 시간 안에서 구원이 이루어지고 있다. 시간 안에 하나님의 자비로운 매만지심이 들어 있다. 시간이 뒤로 돌려지지 않는다는 것은 크나큰 은총이다. 새로운 태양이 어두움을 걷어 내고 아침에 떠오른다는 것은 기가 막힌 일이다. 시간이 죽지 않는 한 삶은 희망이다. 시간이 흐르도록 해야 한다. 시간이 멈추거나 뒤로 떠내려가지 않도록 저항해야 한다. 시간의 강이 흐르는 곳으로 나를 기꺼이 내어 맡길 때, 그 강은 굽이굽이 흐르며 나를 새로운 세계로 이끌어 줄 것이다.

05
여백의
미학

자꾸 채우려고만 하는 세상

무엇이든 많이 가진 것이 미덕인 세상에 살고 있다. 오늘날 풍요의 신은 가장 많은 신도를 거느리고 있다. 어디를 가나 사람들은 무엇인가로 채우려고 안간힘을 쓴다. 빈 공간을 그대로 두는 것을 견디지 못한다. 여백의 미학을 찾아보기 힘들다. 사람들은 부족함은 불행, 풍족함은 곧 행복이라는 등식을 가지고 있다. 그러나 채움을 목표로 한 인생은 결코 만족을 얻을 수 없다. 인간에게 만족할 만큼 채워질 수 있는 순간은 결코 오지 않는다. 인간의 내면은 밑 빠진 독과 같다. 인간의 욕망을 부풀어 오르게 해 줄 부채는 항상 손에 들려 있지만 욕망을 잠재울 만한 수면제는 아직 개발되지 못했다. 채우려 할수록 갈증은 더해진다.

인간은 자신에게 있는 것을 만족하기보다 없는 것에 더 강렬하게 끌린다. 인간의 힘으로는 풀 수 없는 딜레마다. 사실 부족함이 있다는 것 자체가 행복의 조건이 된다. 공백이 없는 공간은 사람을 질식하게 만든다. 여백은 숨을 쉴 수 있게 하는 공간이다. 숨 쉴 공간이 없으면 생명력은 사라진다. 대화를 할 때 여백이 있어야 친밀한 대화가 살아난다. 여백이 없는 대화는 논쟁이다.

너무 이른 나이에 성공한 사람들이 있다. 너무 일찍 모든 것을 경험하고 나면 인생이 허무해진다. 그러나 채워 넣어야 할 여백이 있는 사람은 행복하다. 부족한 것을 채워 넣는 즐거움이 크다. 신혼이 행복한 것은 미래에 채워 넣을 공간이 많기 때문이다.

비우는 행복

여백은 곧 꿈이 된다. 여백에서 오는 평안함과 여유로움이 있다. 이미 다 알고 있다고 여기는 사람은 새로운 깨달음이 들어설 공간이 없다. 상대적으로 모든 것을 채우고 아쉬운 것 하나 없는 사람은 인간미가 없다. 그런 사람을 만나면 숨이 막힌다. 이렇게 채운 이후에 찾아오는 무료함은 정신적 공허로 연결된다. 마치 인생이 끝난 것 같은 느낌, 밀려오는 허무를 달래기가 힘들다. 약간 모자라는 것이 좋다. 밥을 먹을 때 약간 모자란 듯 먹는 것이 심리적으로도, 건강에도 좋다고 한다. 포만감은 결코 만족을 주거나 행복을 보장해 주지 않는다.

살다 보면 찾아오게 되는 결핍은 불행이 아니다. 부족함은 인간이 살아야 할 이유를 제공한다. 부족함은 가능성의 자리다. 모자람은 채우고자 하는 열정을 만들어 낸다. 여백의 공간은 자유로움을 제공한다. 모자람을 부정적으로 봐서는 안 된다. 부족함은 그 자체가 삶의 맛깔스러움을 만들어 내는 원천이 된다.

모든 것을 갖춘 완벽이 이상은 아니다. 사람들은 완벽을 추구한다. 그러나 하나의 모자람도 용납하지 않는다면 그건 병이다. 나이가 들수록 모자란 현실을 있는 그대로 받아들일 줄 알아야 한다. 채우려고 하는 것보다 약간씩 비우는 훈련이 필요하다. 채우려고만 하는 세상에서 거꾸로 사는 법을 익히는 것이 지혜다. 채우려고 할수록 부족함은 더 커지게 된다. 채우고자 하는 사람은 자신의 부족에 초점이 맞춰져 있다. 비움으로 채울 수 있는 원리를 익혀야 한다. 비움에 익숙해지면 금세 충만함을 느끼게 된다. 비우고자 하는 사람은 이미 가진 것들에 초점을 맞추고 있다. 내가 얼마나 많은 것을 가지고 있는지 발견하면 금세 마음에 부요함이 찾아온다. 가진 것이 많다는 것은 무거운 짐이다. 모자란다는 것은 외적인 조건이기보다 마음의 문제다. 채우려고만 하는 마음은 거지 근성이다. 거지는 먹고 돌아서는 순간 배가 고프다. 더 이상 채우려고 안달하지 않는다면 그 자체가 행복이다.

사람들이 움켜쥐고 살아가는 이유는 사라진 여백의 공간에서 밀려오는 허전함 때문이다. 그러나 허전해할 필요가 없다. 그 여백은 더 나은 것으로 채울 희망의 자리가 될 수 있다. 자신의 삶을 지금보다 조금 더 가볍게 할 수 있다면 삶은 풍요로울 수 있다. 더 채워야 행복해질 수 있다면 인류의 단 한 사람도 만족할 수 없다. 그러나 비움을 통한 행복은 누구에게나 열려 있다. 많이 쌓고 채우고도 가난한 사람들이 많아지고 있다. 더 많이 가져야 만족이 오는 것이 아니라, 더 많이 비워야 풍성해질 수 있다. 빈 공간을 충만으로, 부족함의 여백을 하나님이 채워 주실 축복의 자리로 볼 수 있는 눈이 열린다면 지금, 행복할 수 있다.

06

진리를 향한
배움의 길

평생 해야 하는 공부

공부는 평생의 작업이다. 배움에는 끝이 없다. 학교는 졸업이 있지만 공부에는 졸업이 없다. 진짜 공부는 교실 밖에서 시작된다. 공부는 할수록 모르는 것이 더 많다는 것을 발견하게 된다. 배울수록 알고 싶은 욕구가 더 강해진다. 사람들 안에는 배움에 대한 욕구가 본능적으로 있다. 배움의 세계에는 즐거움이 있다. 깨우침의 순간에 행복감이 밀려온다. 깊은 깨달음은 곧 희열이다. 지혜가 차곡차곡 쌓여 갈 때 찾아오는 즐거움은 다른 물질적인 것과는 비교가 안 된다. 배가 고플 때도 밥 대신 책을 읽을 정도라면 다른 세계를 살고 있는 것이다.

우리나라는 입학과 취직을 위한 공부에 익숙해 있다. 입학이나 취직을 할 때까지 죽도록 공부하고, 그 다음에는 공부와 담을 쌓는다. 이상한 공부 방법에 질려 버린 것이다. 학교에서의 공부는 평생 공부를 위한 기본기를 닦는 경험이다. 배울수록 인간의 잠재력은 극대화

된다. 인간이 가진 뇌의 용량과 가능성은 엄청나다. 그러나 배움을 멈추는 순간 퇴화하기 시작한다. 정신적 성장이 멈춰 버린다. 배움을 중단한 사람들의 삶은 재미없는 재방송이다.

이제 세상이 많이 변했다. 이전의 낡은 지식을 오래 우려먹을 수 없게 되었다. 흘러간 옛 노래는 가끔 한번 듣는 것으로 충분하다. 육체적 성장은 어느 시점에 멈추지만 정신적 성장은 평생 계속된다. 정신적 성숙은 계속되어야 한다. 공부를 멈추는 순간 외골수가 된다. 진정한 배움은 시야를 확대시켜 준다. 전문화 시대에 한 곳만 파고들다 보면 다른 것에 무지해진다. 사고의 편협성은 현실을 왜곡한다. 진정한 배움은 깊게 또 넓고 멀리 보게 한다. 그때 객관성이 확보되고 통찰력을 얻게 된다. 복잡한 것도 간단하게 해독하는 능력은 오랜 배움을 통해 체득한 지혜에서 나온다. 넓은 시계가 열린 것이다. 슬쩍 스쳐 지나가듯 보았는데 핵심을 파악하는 놀라운 직관력이 흘러나온다. 앎이 힘이 되고 그 힘이 농축되다 보면 어느 순간 강력한 지혜의 발화가 일어난다. 창의력은 무작정 용을 쓴다고 나오는 것이 아니다. 지식과 경험의 오랜 축적에서 나온다.

나를 새롭게 하는 공부

공부를 위한 공부는 의미가 없다. 공부는 진리에 대한 탐구로 나아가야 한다. 참지혜는 진리와 연결되어 있다. 진리는 영원성을 가졌다. 역사를 가로지르며 사람들에게 길을 밝혀 주어야 진리라고 할 수 있다. 쓸데없는 공부로 세월을 보내기에는 인생이 너무 짧다. 배움이 깊어지면 가치 상승이 일어나야 한다. 멀리 보는 눈이 열리지 않으면 코앞의 탐욕에 시야가 어두워진다. 가치보다 상술에 더 예민하게 반응하게 된다. 그러면 삶은 천박해지고 만다. 배움의 길은 삶의 품격을 높여 준다. 삶의 다른 길이 열리는 것이다. 근원을 알아 가고 본질에 접근해 가면 눈이 열린다. 눈이 열리면 갈등은 작아지고 결행력은 강력해진다.

계속 배우려고 하면 호기심을 잃지 않아야 한다. 호기심을 잃는 순간 배움은 끝이 난다. 아이들은 호기심이 참 많다. 지식의 급속한 팽창이 이때 일어난다. 엄마는 피곤해 죽을 지경이지만 만물의 모든 것을 알고 싶은 아이들의 호기심은 막을 길이 없다. 호기심은 끊임없이 질문을 만들어 낸다. 호기심이 끝나면 배움이 멈추고, 배움이 멈추는 순간 영혼은 쇠퇴의 길을 걷는다. 늘 젊게 사는 길은 호기심을 잃지 않는 것이다. 호기심이 없다면 이미 자신의 삶에 대한 기대감이 사라진 것이다. 이때부터 매력적인 삶은 불가능하다. 흥분과 환희 대신 지루한 반복에 지쳐 몸을 비틀며 살아야 한다. 호기심을 가지고 있을 때까지만 젊음이다.

배움을 계속하려면 게으르지 않아야 한다. 반드시 대가를 지불해야 한다. 그것은 어느 누구도 대신해 줄 수 없는 일이다. 마음을 집중하고 시간을 들여야 한다. 돈을 주고 책을 사야 한다. 나의 정신세계를 자극할 환경을 찾아야 한다. 게으르면 안 된다. 부지런히 자신을 개방하고 지적 순환이 일어나도록 해야 한다.

생각의 통풍 장치가 멈춰 버리면 머리에 곰팡이가 필 수도 있다. 자신이 알고 있는 것이 전부인 것처럼 생각하는 과신은 세상으로부터 자신을 고립시키고 무지의 길을 선택하는 일이다. 무엇보다 이전의 것을 내려놓고 늘 새로운 것을 받아들일 겸허함을 갖추어야 한다. 알고 있던 것과의 과감한 단절로 자신을 늘 새롭게 해야 한다. 자신이 가진 것을 잃어버리는 용기를 가질 때, 새로운 것을 얻는 길이 열린다. 새로운 것을 아는 즐거움, 그것이 항상 나를 새롭게 한다.

07

잃는 것과
얻는 것

얻는 것이 있으면, 반드시 잃는 것이 있다

어떤 사람이 거액의 복권에 당첨되었다. 주변 사람들은 운수 대통했다며 야단이다. 과연 운이 좋은 것일까? 너무 많은 것을 한꺼번에 얻으면 삶의 균형이 깨진다. 평소에 누리던 일상의 작은 행복이 사라져 버린다. 그래서 거의 대부분은 불행한 결과를 맞이한다. 얻은 것보다 잃은 것이 더 많아질 수밖에 없다. 얻고자 하다가 잃어버린 삶을 사는 사람들이 많다. 하찮은 것 때문에 귀중한 것을 잃어버린다는 것은 억울한 일이다. 세상만사가 그렇다. 얻는 것만 생각하면 안 된다. 얻은 것이 있으면 잃는 것도 있다. 어떤 사람은 돈을 얻었지만 명예는 잃어버린다. 어떤 자리를 쟁취하여 앉았으나 존경심은 사라져 버릴 수 있다. 얻고자 하는 것에만 눈이 어두워지면 좋은 것을 보지 못한다.

오늘날 문명의 발달로 좋은 것도 있지만 잃은 것이 더 많다. 편리해졌지만 삶은 오히려 부실해졌다. 자동차로 인해 다리가 허약해졌고, 스마트 폰 때문에 사람들의 머리는 더 단순해진 것 같다. 고층 아파트에서 살지만 하늘의 별은 보지 못한다. 하나를 얻고 많은 것을 잃어버렸다. 획득보다 상실을 경험하고 있다.

　잃으면 얻고 얻으면 잃는 것이 삶이다. 얻기만 하고 잃지 않을 수는 없다. 잃어버려야 얻을 수 있다. 건강은 잃었지만 삶은 더 깊어질 수 있다. 돈은 잃어버렸으나 사람을 얻는다면 좋은 선택을 한 것이다. 일시적으로 직장은 잃을 수도 있지만 그만큼 가족과의 사랑은 회복될 수 있다. 젊음을 잃었다고 슬퍼할 일이 아니다. 젊음을 보내고 얻은 노년의 지혜는 금보다 귀하다. 잃고 얻는 것에 너무 예민하다 보면 귀중한 것을 놓칠 수 있다. 당장에 얻은 것과 잃은 것만으로는 모든 것을 평가할 수 없다. 잃어야 얻을 수 있는 것이 있고, 얻는 순간 잃어버리는 것이 있다는 균형 잡힌 시각을 가져야 한다. 잃고 얻는 것에 휘둘리지 않는 평정심을 유지해야 한다. 하나를 잃었다고 모든 것을 잃어버린 것이 아니다. 잃었다고 슬퍼할 일도, 얻었다고 마냥 기뻐할 일도 아니다. 잃음과 얻음의 교차로 인해 인생이 만들어져 가기 때문이다.

　시간도 마찬가지다. 과거를 내려놓아야 현재를 얻는다. 현재가 아무리 좋아도 현재를 떠나보내지 않으면 더 나은 미래를 맞이할 수 없다. 지금 있는 곳이 아무리 좋아도 포기해야 더 나은 것이 주어진다. 지금 손에 쥔 것을 놓지 못하면 더 좋은 것을 얻을 기회를 놓칠 수 있다. 좋다고 너무 오래 쥐고 있다가 더 좋은 것을 잃어버릴 수 있다. 눈

이 열리면 당장 얻는 것에 목매달지 않는다. 얻는 것과 잃는 것, 그 이후를 볼 줄 안다. 상실에서 오는 획득의 기쁨을 배워야 한다. 잃은 것은 잃은 것이 아니다. 잃은 것보다 얻은 것, 얻은 것보다 잃은 것이 더 많은 경우가 얼마든지 있다. 사람들은 얻는 것에만 집중한다. 그러나 얻는 것은 그저 얻는 것만이 아니다. 얻는 것보다 잃는 것에 더 무게를 두는 것이 현명한 삶의 태도다. 멀리 보아야 한다. 얻고자 하면 먼저 잃을 줄 알아야 한다. 더 좋은 것을 얻고자 한다면 더 많은 것을 잃어버릴 용기가 필요하다.

세상은 내게 모든 것을 허용하지 않는다

상실을 두려워해서는 안 된다. 세상의 모든 것을 얻고자 하는 것은 과욕이다. 과욕으로 충혈된 눈은 당장 내 손에서 빠져나가는 것만 계산한다. 마이너스를 상실로만 본다면 가치 있는 것을 놓쳐 버릴 가능성이 높다. 덧셈과 뺄셈을 제대로 배우지 못하면 삶은 늘 그 자리에서 맴돌게 된다.

분명한 원리가 있다. 세상은 모든 것을 허용하지 않는다는 것이다. 내가 원하는 모든 것을 얻으려고 하는 것은 어리석은 일이다. 특별한 인생을 살아가는 사람들의 특징이 있다. 그들은 하나에만 집중한다. 하나를 얻기 위해 다른 모든 것을 포기한다. 하나에만 꽂힌 것이다. 오직 하나만 얻고 모든 것을 잃어버려도 좋다는 태도가 그들의 삶을 특별하게 만든다. 모든 것을 붙들려고 하는 사람은 모든 것을 잃어버릴 수 있다.

아주 귀중한 것은 한 사람에게 하나만 제공된다. 이는 하늘의 뜻이다. 문제는 그 하나가 무엇인가에 따라 인생의 질이 결정된다는 것이다. 선택해야 한다. 버릴 것이 무엇인지, 얻고자 하는 것은 무엇인지 선명해야 한다. 오직 하나, 모든 것을 잃어버려도 빼앗길 수 없는 그 하나를 발견하고 달음질하는 사람이 행복한 사람이다.

세상에
작고 하찮은 것은
없다

2부

08
인생의
갈림길의 복병

쉽지 않은 인생길

목표를 세우고, 무엇인가 꿈을 가진다는 것은 신 나는 일이다. 설령 그것이 이루어지지 않아도 가슴에 꿈이 살아 있다는 것 자체가 심장을 뛰게 한다. 한 해를 출발할 때 여러 가지 많은 계획을 세운다. 목표를 세우다 보면 가슴이 벅차오르는 것을 느낀다. 정상에 도달할 것을 상상만 해도 행복해진다. 그러나 대개 목표는 닿을 듯 닿지 않고 저만치 멀어져 간다. 아무리 만만해 보이는 산이라도 오르다 보면 쉽지 않다. 금방 닿을 듯 보여도 다가가면 아련해져 간다. 인생에 세웠던 목표들이 신기루로 둔갑할 때가 많다. 큰 목표는 보기만 해도 가슴이 멍해진다.

　높은 목표점에는 한꺼번에 도착할 수 없다. 높은 산을 등정하는 사람과 뒷동산을 오르는 사람은 전혀 다른 모습이다. 장비에서부터 큰 차이가 난다. 뒷동산이야 자다가 금방 일어나서 입고 있던 옷차림으로 뛰어 올라가도 된다. 그러나 높은 산은 어림도 없다. 높은 산을 등정하려면 사전에 점검할 것이 수없이 많다. 기본적인 것부터 챙겨야 한다. 우선 기초 체력이 관건이다. 악천후에도 견딜 수 있는 탄탄한 체력이 받쳐 주지 않으면 아무것도 할 수 없다. 사전에 철저히 건강 검진을 받아야 하고 이상이 없어야 한다. 시시각각으로 닥치는 위기 상황에 대한 대처 능력 역시 기본이다. 그 외에도 수없는 장비들을 점검해야 한다. 높은 곳에 오를수록 철저한 준비를 해야만 모든 일이 가능해진다.

에베레스트 산 정상에 오르려고 시도한 사람은 많다. 그러나 모두가 성공하는 것은 아니다. 성공보다 실패가 더 많다. 정상은 자존심이 강한 곳이다. 아무에게나 쉽게 자신의 자리를 내주지 않는다. 대부분은 베이스캠프에서 짐을 지키거나 편안하게 뚫린 등산로 길 중턱에 만든 카페에서 머물다 내려온다. 그들은 따뜻한 커피를 마시며 정상에 오른 사람들의 전설 같은 이야기를 듣고 내려오는 것에 만족한다. 성공과 실패는 첨예하게 엇갈린다. 성공과 실패를 결정하는 뚜렷한 갈림길이 엄연히 존재한다.

그 길에서 점검해야 할 것들

등정을 할 때 가지고 갈 것과 포기할 것에 대해 신중히 결정을 해야 한다. 필수적인 물건이 아니면 매몰차게 포기해야 한다. 부담스러운 무게이지만 꼭 가져가야 하는 것이 있다. 전문가는 이 둘 사이의 구별을 뚜렷하게 한다. 수없이 많은 등정을 통해 검증된 것을 두고 갈등할 이유가 없기 때문이다. 하버드 대학교의 마이클 포터(Michael Eugene Porter) 교수는 "전략이란 무엇을 할 것인지가 아니라, 무엇을 포기하고 버릴 것인가"라고 갈파했다. 인생의 등정에서도 마찬가지다. 목표 지점에 무난히 도달하려면 욕심은 금물이다. 작은 욕심이라도 나중에는 재앙이 될 수 있다. 모든 것을 다 가지고 오를 수는 없다. 포기할 것을 분별하는 것이 지혜다. 내가 꼭 해야 할 것과 하지 않아도 괜찮을 것에 대한 분별이 성공과 실패를 가름한다.

모든 것을 갖추었어도 조심해야 할 것이 있다. 바로 성급함이다. 과욕은 성급함을 부른다. 아무리 실력이 좋아도 한 번에 한 걸음이 최선책이다. 높은 곳일수록 욕심을 버리고 짧은 보폭으로 천천히 걸어가야 한다. 에베레스트 산을 오르다가 실패하는 경우가 많다. 탈수나 저산소혈증 혹은 저체온증 같은 의학적 사고가 나기도 하고 갑자기 불어닥친 악천후로 인해 방향을 잃고 조난당하기도 한다. 그러나 가장 많은 사망 이유는 발을 헛디뎌서라고 한다. 한 걸음에서 실패한 것이다.

성지순례 팀과 함께 시내 산을 오른 적이 있다. 이른 새벽, 칠흑같이 어두울 때 우리 일행은 산을 오르기 시작했다. 가파른 산이었다. 어두워서 산의 높이에 대한 감을 잡을 수 없었다. 밤하늘의 별들만 총

총하게 보이는 새벽녘에 그냥 앞사람만 따라가면서 천천히 올라갔다. 힘은 들었지만 욕심을 내지 않고 천천히 한 걸음씩 걷다 보니 정상에 오르게 되었다. 해가 돋은 후에 보니 까마득한 높이였다. 산을 쳐다보고 올랐다면 힘들었을 것이라는 생각이 들었다.

현실의 삶에 쉬운 일은 하나도 없다. 에베레스트 산은 베이스캠프만 해도 5,000m가 넘는다. 또 정상에 올라가면 모든 것이 훤히 보일 것 같아도, 높은 곳일수록 악천후 때문에 한 치 앞도 보이지 않을 때가 많다. 기본이 잘 닦인 준비된 출발, 자기와의 치열한 싸움, 그리고 마음을 비운 한 걸음의 성실성, 한 해의 출발 지점 등 12월을 향한 등정에서 꼼꼼하게 점검해 봐야 할 것들이 많다.

09
작고
하찮은 것은
없다

각자의 아름다움

어떤 아이디어가 갑자기 떠올라 기록하려고 하는데 수첩이 없을 때가 있다. 때를 놓치면 나중에 생각이 나지 않는다. 그런데 수첩이 있는 날에는 볼펜이 없어서 무용지물이 되고 만다. 수첩도 있고 볼펜도 준비된 날에는 반짝거리는 내용이 하나도 떠오르지 않는다. 나에게 꼭 필요한 순간에 내가 찾는 것이 없을 때가 종종 있다. 비가 올 듯

해서 들고 나간 우산은 어디에선가 잃어버리고 비가 쏟아져 내릴 때는 정작 비를 맞고 다닌다. 평소에는 너무나도 흔해 귀중함을 모르고 있다가, 마침 필요해서 찾으면 눈을 비벼도 보이지 않는다.

 이처럼 작고 하찮아 보이지만 결코 무시할 수 없는 것들이 많다. 김이 모락모락 나는 도시락이 눈앞에서 유혹하는데 젓가락이 없으면 그림의 떡이다. 먼 곳까지 걷고 걸어서 야외에서 바비큐를 해먹으려고 하는데, 정작 불을 피울 성냥이 없어 생고기를 먹어야 할 상황이

라면 대략 난감이다. 평소에 자리만 차지하고 있던 천덕꾸러기 같은 물건을 마음먹고 버렸는데, 다음 날 마침 필요하게 되는 경우가 있다. 급하게 쓰레기통을 뒤져 봐도 이미 청소차가 모든 것을 깨끗이 비워 버린 뒤라 어찌할 수 없다. 평소에는 있는지, 없는지 존재조차 잊었다가 결정적인 순간에 빛을 발하는 것들이 있다. 일 년에 한두 번 쓸까 말까 하는 물건이 있다. 늘 번질나게 쓰임 받는 것도 있지만, 어쩌다가 가끔 쓰이는 것도 있다. 어느 것이 더 중요한지는 따질 필요가 없다. 쓰임새가 다를 뿐, 저마다 쓰임 받는 곳이 따로 있다는 데 주목해야 한다.

어떤 것은 같은 짝이 있어야 쓰임새가 있는 것들이 있다. 홀로는 결코 빛날 수 없는 것들이 있다. 아무리 멋진 양말이라도 한쪽만 가지고는 쓸 데가 없다. 바늘과 실, 칼과 도마는 늘 동행해야 한다. 아무리 멋진 찻잔이라도 받쳐 주는 쟁반이 없으면 빛날 수 없다. 짙은 장미꽃이 아름답긴 하지만 그것을 감싸 안고 있는 안개꽃이 없으면 무엇인가 허전하게 보인다. 나 홀로의 아름다움보다 함께 있을 때의 아름다움이 격조 높은 것이다. 서 있는 위치가 다를 뿐 각자의 매력과 유용함이 존재한다.

우리는 다 특별한 존재다

우리가 범하기 쉬운 위험한 생각은 "나는 쓸데없다"라고 하는 자기 경멸이다. 자기의 존재를 작고 하찮게 여기는 태도는 인생을 불행하게 만든다. 특별해야 한다는 것에 대한 관점의 변화가 필요하다. 무엇이 특출해야 특별한 것이 아니라, 다른 것 자체가 특별한 것이다. 비교는 금물이다. 남이 되려고 할 필요는 없다. 나다운 것이 아름다운 것이다. 너와는 다른 나이기에 특별한 것이다.

탄생의 순간부터 허리가 굽은 할미꽃은 그 나름대로 최고다. 호박꽃을 유심히 보라. 울퉁불퉁한 호박과 연상을 시켜서 그렇지, 노란 호박꽃은 호박에서 나온 꽃이라고 보기에는 믿기지 않을 만큼 우아한 자태를 가지고 있다. 세상이 온통 장미꽃 한 종류로만 가득하다면 질려서 숨이 막힐 것이다. 잘난 주연들만으로 가득 채워진 드라마를 누가 보려고 하겠는가? 서로 자기만 잘났다고 떠드는 주연들 때문에 극이 정상적으로 진행될 리 없다. 항상 태양만 떠 있는 백야의 도시는 피곤하다. 해가 지고 달이 떠야 쉼의 시간이 주어진다.

"나만 필요해" "나만 중요해" 하는 것은 병적인 상태다. "나는 필요하지 않아"라고 하는 것 역시 병이다. 우리는 모두 필요한 존재다. 서로에게 귀중한 존재가 되어 줄 수 있다. 누군가의 곁에 있어만 주어도 서로를 아름답게 해 줄 수 있는 일들이 많다. 내가 있을 곳을 찾아내는 것이 중요하다. 구태여 노력하지 않아도 스스로 빛나는 인생으로 창조주께서 만드셨다. 내가 가진 아주 작은 재능이라도 그것은 결코 작은 것이 아니다. 다른 사람과 다르다는 것 하나만으로 우리는 특별한 존재다. 작고 하찮은 것은 없다. 내가 나의 존재를 존중하고 두 손 들어 인정해 줄 때, 그 자체가 세상을 밝히는 빛이 되고도 남는다.

10
뻔한 반복,
펀(Fun)한 반복

반복되는 일상

    일상의 삶은 반복이다. 오늘은 어제의 재현이다. 대개 일상은 특별한 일보다는 평범함으로 메워진다. 우리는 늘 먹는 밥, 항상 마주 대하는 얼굴들, 똑같은 일을 반복하며 살아간다. 어제 동쪽에서 떠오른 태양은 오늘도 그 붉은 얼굴로 솟아오른다. 살다 보면 그날이 그날인 것같이 여겨질 때가 있다. 일상을 반복하다 보면 지루해지는 것이 문제다. 일탈의 욕구가 생긴다는 것은 삶이 지루해졌다는 뜻이다. 반복은 포기하고 싶은 유혹에 빠지게 한다. 그렇다고 그만두면 큰일 난다. 반복된 일상을 거부하면 삶 자체가 사라지게 된다. 일상의 반복을 무시하면 안 된다. 반복은 그냥 반복이 아니다. 위대한 일들은 반복을 통해 탄생한다. 삶을 바꾸는 좋은 습관 역시 반복을 통해서 만들어진다. 모든 좋은 결과는 고된 훈련의 열매다. 훈련이란 끝없는 반복이다. 반복은 퇴보가 아니라, 변화를 향한 진행형이다.

문제는 반복의 지루함을 극복하는 것이다. 반복하다 보면 뇌 기능이 저하되고 긴장이 풀리면서 흥미를 잃게 된다. 그때부터 역동성과 창의력이 현저하게 떨어진다. 지루함을 이겨 내려면 내공의 힘이 요구된다. 일상을 의무적으로만 대한다면 얼마 못 가 타성에 젖게 된다. 타성에 젖으면 소비된 시간과 에너지에 비해 초라한 결과를 얻게 된다. 재미는 물론 흥미까지 사라진다. 밀려오는 싫증을 해결하지 않으면 피로도가 증폭된다. 심하면 탈진 현상이 일어난다. 탈진이 찾아오면 상황 종료다. 사람은 타성에 젖기가 쉽다. 아무리 좋은 일이라도 타성이 찾아오기 마련이다. 타성은 아주 위험한 손님이다. 지루함에 치이다가 곁길로 빠져 인생을 망치는 사람들이 많다. 지루함을 긍정적으로 승화시키지 못하면 심각한 정체에 빠진다.

일상에 의미 부여하기

일상의 반복에 대한 태도가 결정적으로 중요하다. 10년 혹은 그 이상 자세를 흐트러뜨리지 않고 묵묵히 자신의 일을 해내고 있다면 대단한 것이다. 아름다운 인생을 산 사람들은 반복을 부정하지 않는다. 아니, 반복을 즐긴다. 뻔한 일을 펀(Fun)하게 해낸다. 별 볼일 없어 보이지만 반복하다 보면 어느 날 그곳에서 불꽃이 튄다. 빛나는 인생을 사는 사람은 반복된 일상에 떠밀려 가지 않는다. 무의미함의 반복에 몸을 맡기지 않는다.

겉으로는 소리를 지르지 않지만 가슴속에서는 환호를 하며 사는 사람들이 있다. 평범한 일상에 특별한 의미를 부여할 줄 아는 사람들이다. 남이 보기에는 반복적 행위를 하고 있지만, 이것은 결코 단순

 반복이 아니다. 하는 일은 반복적이지만 사람은 어제의 그가 아니다. 똑같은 길을 걷고 있지만 어제 지나갔던 그 사람이 아니다. 맷돌을 돌려도 어제의 그 팔이 아니다. 늘 글을 써 왔다고 해도 어제의 글을 다시 복사하는 사람이 아니다. 특별한 삶을 살려면 늘 하는 일이지만 새롭게 맞이하는 훈련을 반복해야 한다. 태양은 늘 떠오르지만 새날을 기다린 사람에게는 같은 태양이었던 적이 단 한 번도 없다.
 행복하게 살아가는 사람들의 특징은 언제 만나도 눈이 반짝거린다. 호기심과 함께 기대감으로 가득 차 있다. 다 알고 있다는 듯한 무심한 얼굴을 하지 않는다. 모든 것을 알고 싶어 하는 사춘기 아이의 눈빛을 닮아 있다. 놀이를 하고 있는 아이에게는 지루함이 없다. 일터를 놀이터로 바꾸는 사람을 이길 장사는 없다. 일상적인 삶의 현장에 의미를 부여하고 가치라는 나무를 심는 사람에게 반복은 지겨운 노동이 아니라, 내일에 대한 기대로 충만한 새 일이다.
 현실의 삶에 대한 저항 의식이 필요하다. 지루한 일상에 지쳐 멍

해진 얼굴에 생기가 돌게 해야 한다. 그것은 아무도 대신해 줄 수 없는 일이다. 내가 나를 설득해야 한다. 뻔한 반복이 아니라 편한 반복으로 바꾸어 놓을 지혜를 동원해야 한다. 누구에게나 포효하는 사자의 심장이 숨어 있다. 내가 나를 스스로 잠재우는 것이 문제다. 오늘도 출근해야 하는 이유, 내가 또 이 길을 걸어가야 할 분명한 이유, 탄성을 지르게 할 만한 내적 동기로 단단히 무장해야 한다. 지루함으로 범벅이 된 뻔한 반복은 단호히 걷어치워야 한다.

'호모 루덴스(Homo Ludens)'. 인간은 놀이를 추구하는 존재다. 인간은 일하는 기계가 될 수 없다. 생각 없는 노동은 자신을 죽이는 일이다. 늘 지칠 줄 모르는, 새롭고 즐거운 반복으로 바꾸어야 한다. 하고 있는 일을 즐겨야 한다. 그래야 평범했던 일상이 어느 순간 특별함으로 변하는 장관을 맞이하게 된다.

11
집중력이
관건이다

고수들의 특징, 집중력

삶은 태도다. 태도에서 중요한 것은 집중력이다. 무엇인가를 이룬 곳에는 집중력이 있다. 태양열이 분산되면 선탠 정도로 끝나지만, 돋보기로 빛을 모으면 종이에 불이 붙는다. 레이저는 빛의 결집이다. 물의 집중력을 높인 물톱은 대리석마저 정교히 자른다. 집중력의 효력이다. 사자는 두 마리의 토끼를 동시에 잡을 수 없다. 아무리 대단한 힘을 가졌다 해도 분산된 힘은 쓸모가 없다. 집중력이 없는 힘은 무기력하고 어이없이 방전되고 만다.

    살다 보면 나도 모르게 집중력이 흐려진다. 한순간의 집중력은 누구에게나 있다. 문제는 집중력의 지속성이다. 엄밀히 이야기하면 실력은 집중력의 지속성에 달렸다. 집중력이 지속되면 가속이 붙게 된다. 그때 가공할 만한 파워가 나온다. 그런데 이게 쉬운 일이 아니다. 하루 이틀에 만들어질 수 있는 것이 아니다. 고도의 집중력을 유지하려면 마음의 전쟁을 치러야 한다. 격전지는 마음이다. 종종 수도사처럼 복잡한 마음을 가지런히 정렬해야 한다.

어느 방면이든지 고수들의 특징은 집중력이 탁월하다는 것이다. 주변에서 일어난 어떤 상황에도 요동하지 않고 갈 길을 걸어가는 내공이 쌓여 있다. 모든 일에서 승부사들은 집중력의 대가들이다. 지혜로운 농부는 시간만 나면 무디어진 낫을 예리하게 갈고 또 간다. 단 한 번의 휘두름으로 볏단이 쓰러지지 않으면 농부는 자기 힘에 의해 스스로 지쳐 쓰러진다는 것을 알고 있다.

힘만 자랑하는 것은 미련한 일이다. 힘만 키우려고 하기보다 집중력을 키워야 한다. 왜 빨리 지치고, 결과가 초라한지를 알려면 집중력 테스트를 해 보면 답이 나온다. 향방 없는, 허공을 치는 듯한 무모한 힘자랑은 만용에 불과하다. 한 그루의 거목에서 밀려오는 통찰은 묵묵히 뿌리내리고 있는 무서운 집중력이다.

집중력의 원리

집중력을 높이려면 선행되어야 하는 것이 있다. 우선 과도한 욕심을 없애야 한다. 너무 많은 일을 하려고 하면 집중력을 잃게 된다. 인생은 의욕이 없어 문제가 되기도 하지만, 의욕이 너무 넘쳐 망하는 경우도 있다. 철저히 절제된 힘이 집중력을 만들어 낸다. 과도한 욕망과 싸워 이기려면 정신적 면역 체계를 강화하는 훈련이 필요하다. 집중력을 흩트리는 다양하고 강렬한 유혹과 싸워 이겨야 한다. 별것 아닌 것 때문에 좋은 것을 놓칠 때가 많다. 좋은 것 때문에 위대한 것을 놓치는 안타까운 일들이 자주 일어난다. 오늘의 성공에 도취해 집중력을 잃어버리지 말아야 한다. 사람들로부터 쏟아지는 비난 때문에 집중력을 빼앗기지 않아야 한다.

중요한 것은 분명한 목표다. 영혼을 관통하는 목표를 가지고 있느냐의 여부는 집중력 싸움에 결정적인 요소가 된다. 쏘아야 할 과녁에서 눈을 떼면 안 된다. 꿈과 생시가 구분이 안 될 정도로 강력한 목표를 가져야 한다. 달려가야 할 목표 지점에서 펄럭이고 있는 깃발에 눈을 고정해야 한다. 그리고 자신이 하고 있는 일에 즐거움이 있어야 집중력을 유지하게 된다. 오랫동안 자신의 일에 몰입하는 사람들의 특징은 그 일을 즐거워한다는 것이다. 즐기고 있다는 것은 집중하고 있다는 것과 같은 말이다. 그러나 너무 힘들면 의지의 줄을 더 이상 붙들고 있기가 힘든 순간을 맞게 된다. 인생은 짧다. 모든 것을 할 수도 없고, 다 하려고 해서도 안 된다.

집중력의 원리를 빨리 깨달을수록 좋다. 집중력이란 다름 아닌 몰입이다. 집중력이 강한 사람을 어떤 의미에서 광인(狂人)이라고 부른다. 한마디로 미친 것이다. 하나에 모든 것을 건 사람들, 미치게 하는 무엇인가를 본 사람들은 한눈을 팔지 않는다. 집중력은 쉬워 보이는 것 같아도 쉽지 않은 비밀이 여기에 있다. 집중력이란 무엇인가를 본 사람들에게서 일어난다. 미치게 만들고, 다른 것에 눈이 멀게 만들고, 그래서 결코 포기할 수 없게 만드는 것에서 집중력이 일어난다. 집중력은 내 의지적인 노력만으로 만들어지는 것이 아니다. 삶을 뒤흔드는 빛을 본 사람이 자기 자신도 멈출 수 없게 만드는 광기가 바로 집중력이다.

    집중력은 피 끓는 열정이다. 집중력이 깊어지면 다른 것을 걱정할 겨를조차 없다. 자유가 온다. 기대해도 좋은 삶이 매일 다가온다. 지루할 순간이 없다. 미칠 것이 있는 사람은 행복하다. 삶이 지루해졌다

면 지금 내가 하고 있는 일에 집중력을 높여 보라. 한 시간 안에 별일이 다 일어나는 것이 인생이다.

12
일상,
그 행복의
자리

때로는 일탈의 시간도 필요하다

일상의 반복된 삶에서는 가슴에 불꽃이 일지 않는다. 늘 하던 일을 반복하다 보면 살짝 비켜나고 싶은 유혹을 받는다. 늘 대하는 사물을 계속 바라보는 것이나 매일 가까이에서 만나는 사람들과의 평범한 일상은 탄성이 사라지게 만든다. 어제 했던 일을 오늘도 하다 보면 신날 리 없다. 일상 속에서 삶의 권태는 당연하다. 아무리 열광했던 것이라도 시간이 지나면 감동이 식을 수밖에 없다. 삶이 식상해지고 자연히 게을러진다. 이때 행동의 둔화 현상이 일어나고 삶의 역동성과 창조력은 현저히 줄어든다.

  사람들은 반복된 삶을 속박으로 여긴다. 자신이 갇혀 있다는 생각 때문에 부정적인 감정의 지배를 받게 된다. 그러견 쉽게 짜증이 나고 감정이 불규칙적으로 깨진다. 무료한 반복으로 지루해진 삶을 그대로 두면 만성적인 권태에 빠진다. 적절하게 일상의 지루함을 풀어 주지 않으면 삶의 탄력이 떨어지게 된다.

그만큼 새로운 것을 추구하려는 변화의 욕구가 지속적으로 억제되면 통제할 수 없는 분노나 불안 증세를 드러내거나 강한 일탈의 유혹에 빠져 죄를 지을 수 있다. 자칫 위험한 자극을 추구하다 보면 예상하지 않았던 돌발 사고가 일어나기도 한다. 세상에서 흔히 일어나는 사고는 의외로 일상에 지친 사람들의 비뚤어진 일탈로 인한 일들이 많다. 그만큼 새로움을 추구하는 것은 인간의 본능적인 욕구다.

사람들은 종종 일탈에 대한 꿈을 꾼다. 무덥고 긴 여름, 도시의 삶은 빨리 지치게 만든다. 일상을 약간 벗어나는 일은 좋은 것이다. 여행이나 여가 활동을 통해 꽉 찬 압력을 잠재울 필요가 있다. 익숙한 삶의 자리에서 약간 비켜나 보는 것이다. 일상의 자리에서 떠남이 주는 유익은 크다. 떠나려고 하면 용기가 필요하다. 떠남은 어느 정도의 대가 지불을 통해 가능하다.

떠남을 통해서 생각하지 않았던 수확, 특히 자기 객관화를 얻을 수 있다. 오랫동안 머물러 있다 보면 자신을 객관적으로 보지 못한다. 자기 객관화가 안 되면 건강한 삶을 살지 못한다. 반복된 삶에 함몰되면 호기심이 사라진다. 무의미한 반복을 하게 된다. 무의미한 반복은 삶에 대한 통찰을 무디지게 한다. 일시적 떠남을 통해 삶의 새로운 관점을 얻게 된다. 이때 자신의 삶에 대한 자극이 일어난다. 무의미에서 의미로의 전환이 일어나고, 의욕에 찬 일상으로 돌아가게 하는 힘이 분출된다.

평범한 일상의 소중함

무엇보다 일시적 떠남을 통해 평범한 일상이 주는 귀중함을 깨닫게 된다. 일상에 쫓겨 살 때는 일상에 대한 거부감과 탈출 욕구가 강하지만, 일상을 떠나 보면 생각이 달라진다. 이전에 느끼지 못했던 묘한 감정이 밀려온다. 그것은 내가 멀리하고 싶어 했던 일상이 얼마나 귀중한 것인가에 대한 절실함 같은 것이다. 돌아올 집이 있는 사람에게 여행은 행복하다. 내가 살아가는 일상이 있기에 일시적 떠남은 즐겁다.

사실 그렇다. 일상의 반복이 지루하고 때로는 지치기도 하지만 그런 일상의 반복이 있어서 오늘의 나라는 존재가 가능한 것이다. 일상의 지루한 반복이 오늘의 나를 탄생하게 했고 현재의 나를 지켜 준 것이다. 그렇다면 지루하게만 여겼던 반복된 일상이란 내가 싫다고 밀어

내야 할 것이 아니라, 보듬고 사랑해야 할 삶의 아름다운 조각이다.

일상이 지루하고 지칠 때 너무 빈번하게 떠나거나 강한 자극을 찾는 것은 도피주의로 빠질 위험이 있다. 그러나 일상의 행복을 발견할 때 일시적인 떠남이 가치가 있는 것이다.

내가 늘 마주 대하는 일상이 있다는 것보다 행복한 일은 없다. 행복은 아주 작은 것을 통해서 찾아온다. 삶의 행복과 기쁨은 일상의 바깥에서가 아니라 일상에서 경험하는 것이 좋다. 일상의 소소한 것에서 행복을 못 찾는다면 어쩌면 행복은 아침의 물안개같이 묘연한 것인지 모른다. 행복은 아주 가까이에 있다.

휴양지가 아무리 아름답고 좋아 보여도 잠시의 즐거움을 제공할 뿐, 내가 머물러 있어야 할 곳은 아니다. 땀 냄새 나는 일상, 지루하게 돌고 도는 일상의 수레바퀴, 매일 만났던 사람들이 그리워진다면 일시적 휴식은 제값을 한 것이다. 그러나 여행에서 돌아오자마자 또 떠나고 싶어서 짐을 풀지 못하고 있다면 가야 할 곳은 여행이 아니라 병원일지도 모른다. 일상의 행복, 그것보다 더 좋은 것은 없다.

13
새롭게,
또 새롭게

지금은, 단 한 번뿐이다

시작이 있으면 끝이 있다. 시간의 방향은 정해져 있다. 흘러간 강물을 되돌릴 수 없듯이 시간도 마찬가지다. 기독교의 시간관은 시작과 끝이 분명하다. 어제, 오늘, 그리고 내일 시간은 가지런히 흐른다. 시간 위에 선 삶은 단 한 번뿐이다. 천 년이 지나도 다시 태어나는 법이 없다. 지금 가고 있는 길은 인생에 단 한 번 주어진 길이다. 오늘 만난 사람과 사랑을 나눈 것은 단 한 번 있는 일이다. 내 품에 안겨 방긋거리는 아이의 모습도 단 한 번 볼 수 있을 뿐이다. 내일이면 다른 얼굴인 것이다. 오늘 떠오른 태양은 내일 다른 모습으로 떠오른다. 바라보는 내가 어제와 다르고, 태양도 다른 구름과 다른 바람을 몰고 저편에서 솟아오른다. 계절마다 피어나는 꽃들은 같아 보여도 매번 다르게 피어난다. 이름은 같아도 똑같은 꽃은 하나도 없다. 어제와 오늘은 엄연히 다른 것이다. 세상의 모든 것은 시시각각 변하기 마련이다. 지금 내가 마주 대하고 있는 것은 어제 본 것과는 전혀 다른 것이다.

　변하는 것에 대한 속단은 금물이다. 일어난 상황에 대한 해석은 자유지만, 언제나 오류가 일어나는 이유는 모든 것이 변하고 있기 때문이다. 세상의 모든 것이 반복되는 듯 보이지만, 엄밀히 말하면 반복이란 없다. 반복은 자칫 피곤하게 여겨진다.

　삶의 쳇바퀴에 질려 무심한 얼굴을 하고 살아가는 사람들이 있다. 마치 세상의 모든 것을 경험한 듯한 노인의 얼굴을 한 젊은이들도 있다. 식상한 낯빛에는 이미 결론이 나 있다. 새로울 것이 하나도 없다는 표정이다. 얼굴에는 '재미없음'을 써 놓았다. 슬픈 운명론에 빠져 수동적인 삶을 살고 있는 것이다. 그들에게 삶은 그냥 길게 늘어진 끝없는 반복의 연속일 뿐이다. 밋밋한 일상 속에서 떠밀려 다니는 삶은 당연히 피곤하다. 도식화되어 있거나 피상적인 삶을 살아가는 곳에는 기계적인 반복만 남게 된다. 그런 반복이 계속될 때 따라오는 것은 권태에 파묻힌 무기력함이다. 새로움에 대한 기대가 없는 삶은 과거에 볼모로 잡혀 있는 정지된 삶일 뿐이다.

오늘을 낯설게 하라

충만한 삶을 살아가는 비결은 매일 가득한 새로움으로 사물을 대하는 것이다. 새로운 얼굴을 하고 다가오는 세상을 경이로움으로 바라볼 줄 알아야 한다. 감탄사가 입에서 마르지 않는 사람은 한참 피어오른 청춘이다. 감탄사가 종적을 감추어 버린 사람의 심장은 거의 멈춰 선 것이나 다름없다. 이미 인생의 끝 지점에서 시간이 낙하하고 있다고 보아야 한다. 매일 새로워야 한다. 가슴이 뛰어야 한다. 아주 작은 것에도 탄성을 질러야 한다. 매일 먹는 밥을 입에 한가득 넣으면

서도, 늘 마시던 공기를 들이키면서도, 오랜 친구를 매일 만나면서도, 그 모든 것이 새로울 수 있다면 행복한 사람이다.

만날 때마다 막 떠오른 아침 햇살에 이슬을 머금은 것같이 반짝이는 얼굴을 한 사람들이 있다. 아무리 나이가 들어도 세월에 기죽지 않고, 시간에 굴하지 않는 어엿한 젊음이 스며 나오는 사람이 있다. 매 순간을 새롭게 만드는 것, 그것이 삶을 역동적으로 만들어 내는 원천이다.

어제와 오늘을 빨리 결별시켜야 한다. 어제의 나를 풀어 주어야 한다. 내가 나를 낯설게 하는 것이다. 그 순간, 매일의 삶은 기적이 된다. 어제와 다른 오늘의 나를 만난다는 것은 기적이다. 어제와 다른 오늘을 만난다는 것 자체가 숨 막힐 정도로 짜릿한 일이다. 희열에 가득 찬 얼굴로 새로운 것과 마주할 때, 삶의 의욕은 솟구쳐 오른다. 새로움으로 발길을 내딛는 사람에게 내일은 언제나 신비의 세계다. 새롭게 세상을 대하는 사람에게는 365일이 생일이고, 지금 마주하고 있는 시간이 최고의 순간이다. 그런 신선함을 놓치지 않으면 언제나 축제가 된다. 오늘이 삶의 첫날인 것

처럼 신선함을 유지하면 세상 살맛이 난다. 새로워야 흥이 난다. 흥이 나야 세상을 맛깔나게 살 수 있다. 내일에 대한 기대감으로 가슴이 뛰어야 한다. 새벽이 오기 전에 깨어나 새벽을 기다린 사람의 새날은 분명히 어제와 다른 것이다.

중요한 것은 세상을 바라보는 눈이다. 『그리스인 조르바』(열린책들)의 작가 니코스 카잔차키스(Nikos Kazantzakis)가 말했다.

"현실은 바꿀 수 없다. 그러나 현실을 보는 눈은 바꿀 수 있다."

날마다 새로울 수 있는 것은 세상을 바라보는 눈이다. 그 눈이 바뀌기만 한다면….

14
바이올린의 현을
잠시 풀 듯이

멈춰야 할 때

가난했던 이전 세대에는 먹고사는 것이 쉽지 않아 쉬고 싶어도 쉴 수가 없었다. 죽도록 일을 해야 겨우 먹고살 수 있던 시절이었다. 다행히 한국인은 근면했다. 그런데 시대가 변했다. 지금은 무조건 일만 한다고 되는 때가 아니다. 창의성이 중요해졌다. 창의성이란 머리를 쥐어짠다고 나오는 것이 아니라, 생각의 여유 공간에서 어느 순간 나도 모르게 터져 나오는 '그 무엇'이다. 기계를 계속 돌리기만 하면 어느 순간 고장나 버린다. 가끔 기름을 쳐 주고 의도적으로 멈출 필요가 있듯이 사람 역시 멈춤의 순간이 필요하다.

우리는 지치기 쉬운 시대를 살고 있다. 이전보다 스트레스 지수가 훨씬 높아졌다. 만성피로 증후군에 빠진 사람들이 의외로 많다. 사람들은 말은 하지 않지만, 얼굴을 보면 '쉬고 싶다', '어디론가 떠나고 싶다'는 표정을 짓고 있다. 삶의 일탈에 대한 욕구가 많아진 것은 긴

장감이 높다는 뜻이다.

  삶의 압력이 높아진 것은 스피드와 연관이 있다. 이전보다 모든 것이 빨리 돌아간다. 두 발을 딛고 다녔던 시대에서는 느낄 수 없었던 숨 막힘의 증상이 빈번해졌다. 고속열차를 타면 하루에도 서울과 부산을 왕래할 수 있게 되었다. 비행기를 타고 지구의 저편을 옆집 드나들 듯이 다닐 수 있게 되었다. 빛의 속도보다 빠르게 인터넷이나 휴대전화로 지구촌의 소식을 접한다. 폭주하는 정보들로 인해 과부하가 걸려 있다. 너무 많이 알고 있는 것이 병이 되었다. 뇌는 피곤해서 죽을 지경이다. 신경계는 예민해져서 곤두서 있고 눈은 충혈되었다. 당연히 숙면을 취하기 어렵게 되었다. 편리해진 만큼 피곤해졌고, 빨라진 만큼 분주해졌다. 이전에는 길을 가다가 쉬고 싶으면 쉬었다. 그러나 이제는 내가 쉬고 싶다고 마음대로 멈춰 설 수도 없다.

쉼. 회복의 시간

쉼이 필요하다. 세계적인 전도자 빌리 그레이엄(Billy Graham) 목사는 자신이 오랜 세월 동안 큰 탈 없이 사역자로 쓰임 받을 수 있었던 힘은 전기도 들어오지 않는 시골 산골에 들어가 일 년에 한두 달을 보낸 것이었다고 술회한 적이 있다. 빌 게이츠(Bill Gates)는 마이크로소프트사를 책임지며 과중한 일들에 쫓길 때 'Think Week'를 정해 놓고 아무도 만나지 않고 혼자만의 시간을 보낸 것으로 유명하다. 미국의 대통령은 두 달 가까이 휴가를 보낸다고 한다. 미국 같은 나라의 대통령이 할 일이 얼마나 많은데, 휴가가 너무 길지 않느냐고 반문할 수 있다. 그러나 미국 대통령이 과중한 업무로 인해 스트레스에 밀려 자칫 잘못된 판단이나 결정을 해서 그것이 재앙이 될 수도 있다는 것을 생각한다면 어느 정도 이해가 된다. 짐을 진 무게와 휴식은 비례한다는 논리다.

쉼을 죄로 보는 경향이 있다. 쉬는 것에 대해서 죄책감을 가지는 사람들이 있다. 어떤 사람은 휴가 때도 일감을 가지고 간다. 만약 휴가를 지내면서도 불안해한다면 그는 일중독자다. 중독은 죄성으로부터 주어진 것으로 비정상적인 심리 상태에서 나온다. 일중독은 과욕이고 불신앙이다. 쉼은 죄가 아니다. 쉼은 하나님의 명령이다. 쉼은 재창조의 작업이다. 오래 움츠렸던 새가 높이 난다고 한다. 제대로 된 쉼은 훨씬 더 창조적이고 역동적인 삶을 살게 하는 힘을 제공한다. 쉬지 않으면 사고가 난다. 바이올린의 현은 연주를 하지 않을 때는 풀어놓아야 한다. 만약 풀어 주지 않고 오래 두면 바이올린은 휘어져 망가지게 된다.

쉼을 위해 일상을 떠나는 것이 좋다. 그러나 꼭 떠나야 하는 것은 아니다. 쉼의 핵심은 마음에 있기 때문이다. 마음 안에 자유를 확보하지 않으면 어디론가 떠난다 해도 온전한 쉼을 얻을 수 없다. 내 안에 과열된 욕망을 내려놓고, 과속으로 질주하던 액셀레이터에서 발을 잠시 떼는 용기가 필요하다.

쉼은 회복을 가져다준다. 정신없이 달리다가 잃어버린 인간미를 되찾고, 밤하늘의 별을 보며 상념에 젖는 낭만을 회복해야 한다. 쉼은 잃어버린 것을 되찾게 해 주는 영혼의 향연이고 예배다. 무엇보다 쉼은 심장에서 잠들어 있는 노래를 부활시키고, 상실한 감탄사를 내 입에 머물게 한다. 쉼은 내가 인간임을 인정하고 창조자를 향해 눈을 돌리는 것이다. 쉼은 과열된 열기에서 빠져나와 긴장된 근육과 높아진 혈압을 가볍게 하고 나를 객관화하는 것이고, 삶의 관조를 통해 성숙해 가는 과정이다.

이제껏 정신없이 달려온 당신이라면 잠시 쉼표를 찍고, 쉬는 것이 필요하다. 발걸음을 멈추고 생각의 속도를 늦추어 보라. 그때 원래의 나의 자리, 창조의 원형으로 돌아가는 기대 이상의 은총을 누릴 수 있게 된다.

15
다르게 보는 것은
시력이 아니라
실력이다

눈앞의 욕망을 지나, 멀리 보기

남이 보지 못하는 것을 보고 생각하지 못하는 것을 생각한다면 다르게 사는 힘을 가진 것이다. 본다는 것은 힘이다. 척 보면 안다는 것은 시력이 아니라 실력이다. 안 봐도 안다고 하는 말은 눈으로 본 것이 아니라 머리로 읽었다는 얘기다. 볼 줄 안다는 것은 개안(開眼)이다. 본다는 것은 시각뿐 아니라 듣고 온몸으로 느끼는 것을 포함한다.

눈으로 보고야 안다면 한참 늦은 것이다.

  다 같이 보았는데 다른 평가를 하는 경우가 많다. 내면에 설정이 다르기 때문에 관점의 차이가 생길 수밖에 없다. 대개 보고 싶은 것을 보고 확인한다. 눈이 너무 좋아 문제가 될 수 있다. 안 봐도 될 것까지 보는 것 때문에 탈이 난다. 안 봐도 되는 것이 자주 보이는 게 문제다.

  눈독을 들인다는 것은 좋아하는 것에 꽂힌 상태다. 사람들은 욕망하는 것을 본다. 욕망이 강하면 눈이 멀어져서 보고자 하는 것 외에

다른 것은 보지 못한다. 심하면 착시 현상까지 일어난다. 보아야 할 것은 보지 못하고, 보지 않아도 될 것은 본다면 불행한 일이다. 실상과 허상을 구분하지 못하면 혼란이 온다. 제대로 브려고 하면 사물과 거리를 두고 보아야 한다. 몽골 사람들은 끝없이 펼쳐진 지평선을 바라보기 때문에 시력이 좋다고 한다. 멀리 보아야 좋은 시력을 얻게 된다. 사물과 거리를 두면 그제야 보이는 세계가 있다.

거리를 두는 것은 욕망을 내려놓는 작업이다. 숨은 욕망을 다루지 않으면 펼쳐진 현실을 읽는 판독력이 현저히 떨어진다. "황금을 돌같이 보라"는 속담이 있다. 눈이 어두워지면 돌이 황금으로 보인다. 그 돌 때문에 진짜 황금을 황금으로 보지 못한다. 눈앞의 이익에 어두워서 큰 것을 놓친다. 집착증은 어떤 것에 눈을 떼지 못하는 병이다. 눈을 떼는 훈련을 해야 넓고 멀리 볼 수 있다. 도살장으로 가는 돼지는 억지로 끌려가지 않는다. 눈앞에서 달랑거리는 당근 하나에 정신없이 달려간다. 돼지의 눈에는 죽음의 길은 보이지 않고 반쪽짜리 당근만 보일 뿐이다.

장애물은 누구에게나 나타날 수 있다. 그런데 문제가 터지고 난 다음에 장애물을 확인하는 사람이 있다. 미리 보지 못한 것이 화근이다. 좀 더 심한 경우는 일이 터지고 난 이후에도 전혀 모르는 것이다. 그러나 미리 본 사람은 준비하고 있다. 넘어지는 것은 장애물 때문이 아니라 미리 보지 못한 것 때문이다. 예지력을 가져야 한다. 예측한 사람과 예측하지 못한 사람은 다르다. 이것이 인생의 갈림길이 벌어지는 지점이다. 위기는 준비하고 있던 사람에게만 기회로 작용한다. 가능한 한 멀리 보려고 의식적인 노력을 해야 한다.

마음을 먼저 비워야 한다. 눈을 가리는 장애물을 치워야 시계가 확보된다. 멀리 보지 못하게 하는 유혹을 제거해야 한다. 보고 싶은 것이 아니라 보아야 할 것을 보아야 한다. 보고 싶은 것을 보는 수준을 넘어서야 한다. 배가 고프면 먹고 싶어진다. 그때 조심해야 한다. 먹을 것만 보면 끌려다니게 된다. 집착은 위험하다. 아무리 굶주렸다고 해도 눈앞에 있는 떡이 전부가 아니라는 사실을 잊으면 큰일 난다. 욕망하는 것을 보도록 내버려 두면 그것이 바로 혈안이 된 것이다. 눈이 어두워지면 성급해진다. 조급하면 헛것을 본다. 자기 발에 스스로 걸려 넘어진다. 현대인은 좋은 것을 기다리지 못한다. 아름다운 것을 볼 수 있는 여유가 없다. 그러나 멀리 보아야 한다. 코앞에 펼쳐진 것에서 눈을 떼야 한다. 마음을 비우고 바라보아야 한다.

영혼의 눈으로 보기

침착함과 평안은 멀리서 바라볼 때 주어진다. 멀리 보는 눈이 지혜를 얻게 한다. 멀리 보면 길이 보인다. 멀리 보는 사람은 욕망의 덫에 걸려들 일이 없다. 멀리 보면 남들이 보지 못하는 새로운 세계로 들어갈 수 있다. 그래야 떠밀려 다니지 않고, 삶의 참맛을 느낄 여유를 가지고 살 수 있다. 타의에 의한 선택이 아니라 내가 선택할 자유가 주어진다.

멀리 보는 것이 실력이다. 인생은 멀리 보는 싸움이다. 멀리 볼수록 수가 높아진다. 멀리 보는 것은 육체의 눈이 아니라 영혼의 눈으로 보는 것이다. 마음이 준비 되지 않은 사람은 아무리 눈을 닦고 보아도 보는 것이 아니다. 사물을 꿰뚫고 핵심을 파악하는 것은 두 눈이 아니라 맑은 영혼이다. 눈을 지긋이 감고 있어도 보여야 그것이 진짜다. 시력을 높이려면 안경을 쓸 것이 아니라 마음의 창을 닦아야 한다.

"마음이 청결한 자는 복이 있나니 그들이 하나님을 볼 것임이요" (마 5:8).

3부

어디까지나 바람이다

16
짐이 가벼우면
여행이 즐겁다

내 삶을 무겁게 하는 것들

누구나 한 해가 저물어 갈 때면 진지해진다. 비장함마저 돈다. 내가 생각했던 것만큼 살아온 것 같지 않은 회한, 시작할 때의 초심을 잃어버리고 삶이 칙칙해진 것 같은 느낌, 남은 시간 동안이라도 무엇인가 잘 마무리해야겠다는 생각이 들기 때문인지도 모른다. 무엇보다 시간의 빠름 때문인지, 내 삶이 무엇인가에 강탈당한 듯한 느낌 때문에 당혹스러움이 나를 압박한다. 황급히 사라져 버린 시간으로 인해 뒤를 돌아보는 일들이 많아지면서 잠을 뒤척이게 된다. 살다 보면 나도 모르게 삶이 무겁게 여겨진다. 목표로 했던 것들은 멀어져 가고, 내 삶은 정체 상태에 있는 듯한 부담감이 있다. 복잡하게 얽히고설킨 것들로 인해 꼼짝달싹 못하는 자신을 발견하게 된다. 이때 삶을 무겁게 하는 것들을 하나, 둘 털어 내는 작업을 해야 한다.

나는 해외에서 오래 산 덕분에 여행을 꽤 많이 한 편이다. 여행 초기 단계에는 들고 다니던 여행 가방이 무척 무거웠다. 마치 이민을 떠나는 것같이 큰 가방을 들고 다녔다. 당연히 이것은 여행을 힘들게 하는 주범이 되었다. 짐을 싸는 과정도 힘들고 복잡했지만, 그것을 끌고 여행지를 옮겨 다니는 것은 상당히 힘겨운 일이었다. 결국, 숱한 고난을 경험하고 난 다음에야 지혜를 터득했다. 짐을 줄이지 않으면 여행이 짐 운반의 과업을 수행하는 정도로 바뀌고 만다는 후회를 거듭하면서 내 삶에 조금씩 변화가 일어났다. 여행을 위한 짐이 아니라 짐을 위한 여행이 되어 버린 것을 청산하고 싶어진 것이다.

    결단이 필요했다. 그래서 여행 가방을 조금씩 줄여 나갔다. 나중에는 작은 가방 안에 모든 것을 압축해 놓는 초소형 슬림화가 이루어졌다. 지나고 보니 그것은 짐의 문제가 아니라 마음의 문제였다. 무엇인가를 가지고 가지 않으면 안 된다는 압박감으로부터 벗어나야 가능한

일이었다. 줄일 수 있는 데까지 줄여야 한다는 결론을 얻고 난 후부터는 가지고 가야 할 것과 말아야 할 것 사이에서 고민이 줄어들었다. 가져가야 할 짐에 가방을 맞추는 것이 아니라, 가방에 짐을 맞추기로 선택했다.

기내용 가방만 들고 다니면 비행기를 타고 내릴 때 복잡한 과정이 줄어든다. 목적지에 도착해서도 수화물을 찾으려고 기다릴 필요가 없다. 사람들이 무거운 짐을 찾고자 긴 줄을 서서 기다리고 있을 때, 휘파람을 불면서 유유히 공항을 빠져나오는 즐거움을 누릴 수 있다.

짐이 줄어들면서 몸과 마음이 가벼워졌다. 비로소 여행다운 여행이 시작되었다. 여행길이 가벼워졌다. 떠나기도 쉬워졌다. 이제는 10-20분 정도면 떠날 준비를 완료할 수 있는 수준이 되었다. 언제든지 떠날 수 있을 만큼 단순해진 삶은 강력하다. 나를 붙들고 있는 선택에 대한 갈등이 없는 삶에는 속도가 붙는다. 단순한 만큼 삶의 집중력이 높아진다.

삶은 단순해야 한다

삶이 복잡해질수록 나의 삶을 멈추게 하는 것들, 내가 가고자 하는 길을 포기하게 하는 일들이 늘어난다. 도시의 러시아워에 차량이 정체되면 내가 아무리 가고 싶어도 갈 수 없다. 그렇다고 자동차를 도로에 세워 두고 나만 어디론가 도망칠 수도 없다. 꼼짝없이 갇히는 것이다. 삶의 정체 현상에 빠질 때가 한두 번이 아니다. 한 발자국도 움직일 수 없이 메인 삶은 무거운 짐을 지고 있는 삶이다. 원하지는 않지만 삶이 거미줄처럼 복잡하게 얽혀 버려 갇힌 신세가 되는 경우가 많다. 그런데 시간은 매몰차고 쌀쌀맞다. 뒤도 돌아보지 않고 어디론가 사라져 버린다. 내가 짐이 많고 힘들다고 기다려 준 적이 없다. 냉정하기 짝이 없다.

삶은 여행이다. 어디론가 가고 있다. 목적지는 분명히 있다. 내가 알고 있느냐 모르고 있느냐는 다음 문제다. 발걸음을 옮겨야 한다. 내일이라는 시간 속으로 멈춤 없이 걸어가야 한다. 복잡한 것들을 솎아 내야 한다. 삶을 단순하게 해야 한다. 버릴 것에 대한 단호함이 필요하다.

나에게 유익할 것처럼 여겨진 것이 사실은 나의 삶을 무겁게 만들고 있다. 나도 모르게 거대해진 짐 꾸러미를 다시 정리하고, 새로운 여행을 준비해야 할 때가 되었다.

17
제발,
억지로는 NO!

안쓰러운 노력들

웰빙 바람이 어느 정도 지나가기는 했지만 여전히 사람들은 건강에 지대한 관심을 보인다. 건강에 관심 있는 사람이라면 운동 기구를 하나씩 장만하곤 한다. 굳은 결심을 한 끝에 거금을 투자하여 구입하는 것은 주로 러닝머신이다. 처음 구입할 때는 날씬하고 매력적인 몸매를 꿈꾼다. 몇 달만 이를 악물고 땀을 흘리면 목표에 도달할 것이라는 환상에 젖어 내심 미소를 짓는다. "그래, 나도 할 수 있어!" 이때는 누구나 야심만만하다. 실제로 마음을 굳게 먹고 열심히 운동한다. 하루, 이틀, 일주일… 목표를 향해 달려가는 자신이 대견스럽다. 거울에 비친 자신의 변화된 몸을 보고 희열을 느낀다.

그런데 문제는 어느 순간 이 일이 만만한 일이 아님을 감지하면서부터 시작된다. 피곤한 날에는 운동을 하지 말아야 할 이유들이 떠오른다. 러닝머신 위에 올라간다는 것이 점점 고역으로 다가온다. 그리고 자신의 설득에 감동되어 쉬는 날이 많아진다. 운동을 들쑥날쑥하게 하다가 어느 순간 러닝머신은 트랜스포머가 된다. 신형 빨래걸이로 변신하는 것이다. 결국 애물단지로 변해 거실 한쪽에 자리만 차지하는 날이 온다. 내가 아는 대부분의 사람들은 러닝머신을 통해 이루고자 했던 환상이 깨진 경험을 했다.

피트니스클럽에 가입을 하고 운동하는 사람들 역시 마찬가지다. 피트니스 멤버십에 들려면 돈이 꽤 든다. 러닝머신 정도의 가격이 아니다. 가입할 때는 분명히 운동을 하려고 그 비싼 대가를 지불한다. 그러나 통계에 의하면 20-30% 정도만 꾸준히 다니고, 70-80%의 사람들은 돈만 내고 거의 운동을 하지 않는다고 한다. 결국 20%를 위해 80%가 돈을 내주고 있는 셈이다.

사실 러닝머신은 재미가 없다. 걷기는 걷는데 진도가 안 나간다. 제자리에서 걷기 때문이다. 앞에 놓인 모니터로 뉴스를 보기도 하지만, 보려고 해서 보는 것이 아니라 시간을 때우기 위한 수단일 뿐이다. 러닝머신에 올라가면 이상하게도 시간이 멈춘 것 같다. 그만큼 힘들다는 뜻이다. 그렇다고 투자한 것

만큼 몸의 변화가 확 오는 것도 아니다. 인생에 쉬운 것이라고는 하나도 없다는 말이 실감 난다.

결국, 운동은 고역이 된다. 악을 쓰며 감당하는 노동으로 변한다. 땀을 흘리는 모습이 안쓰럽기까지 하다. 살려고 운동을 하는 것인지, 죽으려고 하는 것인지 분간이 안 간다. 결국 운동을 통해서 건강을 확보하겠다는 굳은 의지는 바닥이 나고 만다.

나에게 즐거운 일이, 내 일

사실 인간의 의지는 생각보다 약하다. 보라. 연초에 대단한 결심을 하지 않은 사람이 어디 있는가? 무엇이든 처음 시작할 때 이야기를 들어 보면 모두가 영웅이고 역사를 이룰 인물들이다. 못 이룰 일이 없어 보인다. 호언장담을 한다. 그때만큼은 진심일 것이다. 처음부터 거짓말로 시작하는 사람이 어디 있겠는가? 그러나 거창한 계획과 다짐은 빛바랜 달력과 함께 시간 속으로 사라져 버리고 만다.

자신의 의지를 믿는 것도 좋지만, 중요한 것은 내가 하는 일이 즐거워야 한다는 것이다. 러닝머신 위에서 나의 의지력을 테스트하기보다는 아름다운 강변을 사랑하는 사람과 함께 걸으면 시간이 언제 지났는지 모르게 흘러 버린다. 내가 하고 있는 일이 행복해야 한다. 아이들은 게임을 할 때 시간이 안 간다고 투정하지 않는다. 몇 시간이

번개같이 지나간다. 신 나는 것을 하다 보면 힘든 줄 모른다. 물론 삶은 게임과는 다르다. 그러나 내가 진짜 잘할 수 있는 일, 무엇보다 가치 있는 일이라면 즐거운 마음으로 하지 않을 이유가 없다. 하다 보니 어느 순간 시간이 훌쩍 흘러 버린 일이라면, 그 일은 내가 몰입하고 있는 일이다. 몰입이 잘 되고 있다면 나는 지금 괜찮은 인생을 살고 있는 것이다.

    삶은 제한되어 있다. 하기 싫은 일을 억지로 하는 것은 낭비다. 이를 악물고 무리하게 자기의 의지를 테스트하지 말고, 즐겁게 할 수 있는 일을 찾아야 한다. 모든 사람에게는 그런 일이 반드시 한둘은 있게 마련이다. 누가 등을 떠민다고 억지로 하지 마라. 짜증이 나는 일은 수명을 단축시킨다. 내가 하고 싶어서 안달이 나는 일이 바로 내 일이다. 그 일을 하다 보면 탁월함이 드러나게 되고, 남이 근접할 수 없는 달인의 경지로도 갈 수 있다. 제발, 억지로는 하지 말아야 한다.

18
고난도
힘 빼기

힘 빼는 연습

어떤 일에 탁월함을 보이는 사람들에게는 공통점이 있다. 그들은 힘들이지 않고 수월하게 일을 해낸다. 그것을 지켜보는 사람들 역시 편안함을 느낀다. 노래를 잘하는 사람들은 고음 처리를 할 때도 힘들이지 않고 편안하게 부른다. 수준급 미용사들은 쉽게 손질을 하는 것 같은데 멋있는 스타일을 만든다. 힘들이지 않을 뿐 아니라 오래 걸리지도 않는다. 글을 잘 쓰는 사람들도 쉽게 써내려 간다. 잘 쓴 글은 독자들도 쉽게 읽어 내려간다. 말을 잘하는 사람들 역시 힘들이지 않고 말이 술술 흘러나온다. 청중은 시간 가는 줄 모른다. 말이든 글이든 물 흐르듯 자연스럽기 때문이다.

　힘들이지 않는 것은 힘을 주지 않는다는 것이다. 성악가는 목에 힘을 주지 않는다. 서예를 하는 사람들은 손목에 힘을 뺀다. 테니스 선수는 공을 칠 때 어깨에 힘을 빼야 한다. 대부분이 그렇다. 힘이 들어가는 순간 경직된다. 힘을 주면 자신의 의도와는 전혀 다른 결과가 빚어진다. 힘을 주면 줄수록 부자연스러워진다. 힘을 빼야 부드러워진다. 부드러워야 힘의 완급 조절이 가능해진다. 힘의 완급 조절이 안 되면 아직 서툰 것이다. 젊은이들은 힘은 있지만 조절 능력이 떨어진다. 힘을 가진 사람이 힘으로 넘어지는 이유가 여기에 있다.

   인간관계에 어려움을 겪는 사람들이 있다. 마찰이 일어나는 이유를 모르기 때문이다. 대부분 자기 의지를 꺾지 않고 힘으로 들이밀기 때문이다. 분쟁은 불필요한 힘을 사용할 때 일어난다. 인간관계가 부드러운 사람들은 대부분 힘을 부리지 않는다. 협상의 귀재들도 처음부터 자기주장으로 날을 세우지 않는다. 상대의 기를 꺾고자 무모하게 힘을 과시하지 않는다. 오히려 반대다. 상대방을 존중하며, 긴장을 풀게 하는 온화함을 가지고 상대방 스스로 무장 해제하게 만든다.

　부드러움이야말로 힘을 무력화하는 또 다른 힘이다. 하수일수록 힘을 많이 쓰지만 결과는 좋지 않다. 수영을 할 때는 온몸에 힘을 빼고 물속에 자신을 온전히 맡겨야 물의 환대를 받을 수 있다. 하수일수록 소리가 요란하고, 애쓰는 것에 비해 열매는 초라하다. 초보들은 항상 힘이 많이 들어가 있다. 과도한 힘은 두려움으로부터 만들어진 허세다. 힘을 빼는 기술을 터득해야 한다. 힘으로 밀어붙일 줄만 알고 물러설 줄 모르는 사람은 자기 무덤을 파는 것과 같다. 초보자들은 힘을 너무 쉽게 드러낸다. 그리고 오래가지 않아 저 풀에 넘어진다.

고수는 다르다

고수는 힘자랑을 하는 법이 없다. 고수의 힘은 숨어 있다. 상대가 그 힘을 가늠할 수 없다. 가끔 힘을 쓸 일이 있을 때도 철저히 절제의 미로 단장한다. 보이는 능력보다 밀봉된 세계가 훨씬 크다. 힘을 쓰는 것은 쉽다. 하지만 힘을 절제하는 것은 고난도 기술이다. 고수가 힘을 뺀 순간은 무기력한 것이 아니라, 자기 기량을 마음껏 드러낼 수 있는 최적의 상태다. 힘든 일을 힘들지 않게 할 수 있다는 것은 경지에 이른 것이라 할 수 있다.

그렇다고 해서 전혀 힘이 들지 않는 것은 아니다. 힘들지 않게 보이는 것에는 비밀이 있다. 이것은 하루아침에 만들어진 눈속임이 아니다. 숱한 날을 보이지 않는 세계 속에서 피와 땀을 쏟아 낸 후에 만든 것이다. 힘을 뺀다는 것은 하이테크다. 힘을 빼려면 두려움을 넘어서는 용기를 가져야 한다. 부질없는 헛된 욕망을 내려놓아야 한다.

역사를 보면 힘이 없어서 망한 적은 별로 없다. 언제나 힘이 넘쳐서 몰락의 비운을 향해 달려갔다. 힘을 쓰고 싶은 욕망을 이기지 못하면 자해 행위를 하게 된다. 주님은 베드로에게 칼을 쓰는 자는 칼로 망한다고 하셨다.

힘만 쓰려고 하는 사람들은 힘이 없는 사람이다. 누구나 힘을 의지하고 싶어 한다. 내가 가진 힘이 무엇이든 그것은 뿌리치기 힘든 유혹이다. 힘을 가질수록 유혹은 걷잡을 수 없이 부풀어 오른다.

힘을 사용하고 싶은 유혹, 힘의 위력이 가져다주는 그 짧은 짜릿함의 유혹에 오늘도 사람들은 쓰러지고 또 쓰러진다. 힘은 아주 위험한 것이다. 힘을 가지고자 혈안이 된 세상에서 힘을 빼는 훈련을 함께 배우지 않는다면 힘은 축복이 될 수 없다. 힘 빼기, 고도의 절제, 끝없는 자기 포기, 힘을 은닉할 줄 아는 멋을 배운 사람들이 세상을 아름답게 만들 수 있다.

19

적게 가지고
많이 누리기

소유의 노예가 된 세상

세상은 많이 갖기 시합을 하는 듯하다. 무엇이든 많으면 좋다는 신종 바이러스에 감염되어 있다. 많이 가져야 행복하다고 믿는 사람이 의외로 많다. 사실 많이 가진 것과 행복은 별개의 문제다. 어쩌면 반대일 수도 있다. 가질수록 속박당하기 쉽다. 필요 이상의 것은 짐이다. 소유한 것을 누리지 못하면 내 것이라고 할 수 없다. 책장에 많은 책을 꽂아 두었어도 읽지 않는다면 그냥 두꺼운 종이 뭉치일 뿐이다. 아무리 많은 돈이 은행에 있다 해도 사용하지 않으면 의미가 없다. 돈은 사용될 때 가치가 발생한다. 사용하지 않으면 종이나 숫자에 불과하다. 사용하지 않는 것은 많이 가지고 있을수록 거추장스럽다. 사람들은 좀 더 많은 것을 가져야 한다는 생각에 밤낮으로 뛴다. 그건 욕심이다. 욕심은 삶을 피곤하게 만든다.

  호주 시드니의 매력은 도시 안쪽으로 굽이굽이 길게 늘어진 아름다운 만(Bay)이다. 후미 곳곳에 정박해 있는 수많은 요트는 멋진 진풍경을 만든다. 그곳에서 요트를 가진다는 것은 꿈이다. 사람들은 힘들게 돈을 모아 겨우 요트를 산다. 그런데 요트를 산 순간부터 상당한 유지비를 지불해야 한다. 문제는 그것을 누릴 만한 여유를 낸다는 것이 그리 만만하지가 않다는 것이다. 결국 얼마 누리지 못하고 상당한 손해를 감수하면서 중고 시장에 요트를 내놓는 경우가 많다. 요트로 바다를 누비는 것은 멋진 일이지만, 그 생각은 낭만에 가깝다. 그렇게 할 수 있는 사람은 많지 않다. 세상은 요트로 여유로움을 즐기는 기회를 줄 만큼 자비롭지 않다.

소유해야 누릴 수 있다는 생각은 수정하는 것이 좋다. 많아야 좋다는 등식도 재고해 보아야 한다. 필요하지 않으면서도 남들을 의식해서 소유하고 있는 것이 많다. 허영심으로 쌓아 놓은 것은 '소유함'이 아니라 '소유당함'이 된다. 욕심 때문에 스스로에게 족쇄를 채우고 감금당한 삶을 살아간다.

집안을 수색해 보라. 우리는 가지지 않아도 될 것을 너무 많이 가지고 산다. 돈 주고 사 놓고도 전혀 사용하지 않는 것이 얼마나 많은가? 1년 동안 한 번도 입지 않은 옷은 내 것이라고 할 수 없다. 은행에서 깊은 잠을 자고 있는 돈은 누가 미래의 주인이 될지 모른다. 그 돈이 숫자로만 존재하다가 비운의 결말로 끝나게 될지도 모른다.

엄밀히 말하면 가지지 못해 가난한 것이 아니다. 가진 것을 누리지 못하는 것이 가난한 삶이다. 아주 적게 가지고 있어도 누릴 수만 있다면 삶은 얼마든지 풍요로울 수 있다. 바다가 보이는 전망 좋은 집에 사는 것과 맨발로 바닷가를 걷고 산책하는 여유를 가지는 것은 다른 것이다. 소유하면 누릴 것이라는 거짓 메시지로부터 벗어나야 한다. 모두가 돈, 돈을 외치며 마치 돈이 없으면 아무것도 할 수 없을 것처럼 불행한 얼굴을 하는 것은 속고 사는 것이다. 삶의 풍요는 돈과는 전혀 상관이 없다.

소중한 것을 누리는 삶

하나님은 가장 좋은 것들은 누구나 누릴 수 있게 해 놓으셨다. 삶의 풍요는 마음 안에서부터 시작된다. 욕망을 내려놓은 마음은 세상을 다 받아들일 만큼 넓어진다. 집착하던 것으로부터 거리를 두면 여유로움이 찾아온다. 필요 없는 것을 거절하는 법을 익히고 "많이 가져라"고 하는 사회적 압력을 이겨 내기만 한다면 자유인이 될 수 있다. 천국은 멀리 있는 것이 아니라 가까이에서 시작된다. 사랑도 멀리 있는 것이 아니라, 손이 닿을 만한 곳에서 기다리고 있다. 행복은 큰 것이 아니라 작은 것으로부터 온다. 행복은 작고 평범한 일상에 심겨져 있다. 순간순간 지나가 버리는 수없는 일상이 더없는 누림의 시간이다. 가족이 서로 마주 보며 저녁 식탁에 앉아 밥을 먹는 일상이 얼마나 큰 행복인가? 해 질 녘 가을 공기를 가슴으로 깊이 들이쉬며 산

책하는 시간과 지금 발로 밟는 땅이 내가 소유한 것이다.

　모두 마음가짐에서 비롯된다. 이것은 평범한 진리다. 그런데 놓치기 쉽다. 많이 소유한다고 결코 좋은 것이 아니다. 도리어 지나치게 많으면 해롭다. 시간이 많다고 여유가 있는 것이 아니다. 바쁜 가운데서도 시간을 낼 수 있는 정신적 여유가 중요하다. 누려야 내 것이다. 누릴 만큼 누리고, 나누며 사는 것이 복된 삶이다. 가장 지혜로운 삶은 적게 가지고도 많이 누리는 삶이다. 자신의 삶을 누릴 줄 아는 사람이 다른 사람을 행복으로 이끌 수 있다.

20
킥(Kick)과
터치(Touch)의 차이

결정적 순간

아들이 축구를 아주 좋아한다. 호주에 있을 때 토요일 아침마다 둘째 아들이 뛰는 축구 경기를 보는 것은 월드컵 경기를 보는 것보다 더 가슴을 졸이게 하는 즐거움이었다. 자주 가지는 못했지만, 가끔씩 마음먹고 경기를 응원하러 가는 날이면 그날에는 아들이 경기에서 질 때가 많았다. 스트라이커로서 평소에 꽤 잘하는 아이가 아빠가

응원하는 날에는 실수를 자주 했다. 아빠에게 멋진 슛을 보여 주려는 욕심에 너무 힘을 주다 보니 평소 실력보다 못한 경기를 보인 것이다. 하기야 유럽의 강호 프로 축구팀에 속해 있는 세계적인 스타들이 천문학적인 연봉을 받으며 포진하고 있어도 한 게임에 골 한번 넣지 못하고 끝날 때가 있는 것을 보면, 축구 역시 인생의 한 단면을 축소해 놓은 것 같다는 생각이 든다.

축구란 무조건 열심히 뛴다고 되는 것이 아니다. 동네 축구의 특징은, 열심히 뛰다가 제 풀에 자기가 넘어진다는 것이다. 공이 가는 대로 우르르 몰려다니기만 하다가 골을 도로 먹는다. 반면에 선진 축구의 특징은 공간을 넓게 만드는 것이다. 중요한 것은 무조건 뛰는 것보다 여유를 가지고 운동장을 넓게 사용하는 것이다. 체력을 아낄 때는 아끼고, 몰아붙일 때는 파죽지세를 펼친다. 힘의 완급 조절을 할 수 있을 때 슛의 기회를 살릴 수 있다. 슛의 횟수가 중요한 것이 아니라 결정적인 순간을 놓치지 않는 바늘 끝 같은 집중력이 더 중요하다.

그 순간을 감지하는 여유

슛에 대한 너무 강한 의욕이 화를 불러들일 때가 많다. 맨 유의 리저브 팀 감독인 올레 군나르 솔샤르(Ole Gunnar Solskjaer)는 영국 축구의 명가 맨체스터 유나이티드의 전설로 알려진 인물이다. 그가 한번은 박지성 선수에게 이렇게 훈수했다고 한다.

"슛은 킥(Kick)이 아니라 터치(Touch)다."

놀라운 얘기 아닌가?

슛은 내 힘으로 차 넣는 것이 아니라 찾아오는 모멘트(Moment)를 포착하여 발을 갖다 대는 순발력이라는 것이다. 그것은 하루아침에 만들어지는 요행이 아니라, 수없는 리듬 터치를 통한 감각이 쌓여야 가능한 일이다. 어디 축구만 그런가? 우리의 운명을 가르는 결정적인 순간들이 바람처럼 우리의 삶을 스쳐 지나갈 때 그것을 감지하여 그 순간을 알아차리고, 마음은 비우되 휘몰아치듯 반응할 줄 아는 사람에게 삶의 새로운 지평이 열린다. 내가 힘주고 애쓴다고 되는 것으로 안다면 고생길이 훤하다. 과도한 욕망과 자기 열심은, 발과 볼의 엇갈림이 일어나듯, 축복된 기회가 나의 운명을 멀리 벗어나게 한다.

슛은 킥이 아니라 터치다. 킥은 힘을 주는 것이고 터치는 힘을 빼는 것이다. 힘을 주는 것은 아무나 할 수 있다. 힘을 빼는 것은 고수들에게만 볼 수 있는 고난도 기술이다. 그것은 거의 득도의 경지다.

삶의 탈진은 대부분 자신의 힘을 의존한, 과도하고 헛된 열심에서 일어난다. 축복된 인생을 산다는 것은 삶을 탈진하게 하는 허공 치는 킥을 그치고, 나를 향해 가슴 뛰게 하는 기회를 제공하시는 하나님의 어시스트에 대한 고감도의 영적 반응을 익혀 나가는 것이다. 그물을 출렁이며 탄성이 터지게 하는 슛을 할 수 있는 순간을 감지할 수 있는 여유란, 인생은 내 힘이 아닌 하나님이 밀어 주시는 은총에 대한 반응, 그것을 알아차리는 경험을 지속적으로 터득해 가는 것에서 인생의 비밀 커튼은 열리게 된다.

21
외로움에서 고독으로

고독으로 단련된 영혼

인간은 외로운 존재다. 아무리 사람들에 둘러싸여 웃고 있어도 존재론적인 외로움은 떠나지 않는다. 외로움은 간단하게 다룰 주제가 아니다. 외로움은 고통을 준다. 외로움에 파묻히면 상처가 되고, 상처가 깊어지면 마음의 병을 앓게 된다. 외로움의 무게는 돈이나 세상의 인기로도 쉽게 벗어날 수 없다. 우울증이나 중독 현상의 곁에는 외로움이 있다. 인간은 원하든 원하지 않든 외로움의 순간을 맞게 된다. 부부라도 언제까지나 함께 있을 수는 없다. 사람을 내 곁에 묶어 둔들 외로움은 쉽게 물러나지 않는다. 요즘은 누구나 휴대전화를 들고 다니지만, 왠지 이전보다 더 외로워 보인다. 어디에나 연결될 수 있는 기술은 개발되었지만, 누구하고나 마음을 터놓고 이야기할 수 있는 능력은 제공해 주지 못하기 때문이다. 수시로 다양한 신호음이 울리지만 귀찮게 하는 스팸이거나 피상적 접촉으로 끝나고 만다.

외로움은 싫다. 그러나 무조건 거부하려고만 하면 안 된다. 외로움을 피하려고만 하면 덫에 걸리게 된다. 세상의 모든 탈선이나 외도는 외로움으로부터의 도피 행각에서 일어난 것이다. 외로움을 쉽게 해결해 줄 대체품을 찾으면 아주 위험해진다. 세상의 모든 불행의 뒤에는 외로움에 시달리다 무너진 빗나감이 숨어 있다. 나의 외로움을 충분히 해결해 줄 사람이나 환경은 없다. 외로움을 견디지 못하는 사람은 사람에 집착하기도 하고, 동시에 사람을 두려워한다. 외로움을 다루는 기술에 인생의 희비가 엇갈린다.

외로움은 피하지 말고 승화시켜야 한다. 헨리 나우웬(Henri Nouwen)은 외로움(Loneliness)과 고독(Solitude)을 분리한다. 외로움은 불안한 감정이다. 그러나 고독은 평안한 상태다. 자기감정에 빠져 허우적거리는 것이 외로움이라면, 고독은 창조적으로 승화된 모습이다. 외로움은 자신을 불쌍하게 여기는 상한 감정이다. 그러나 고독은 영성의 길에서 경험하는 행복한 상태다. 모든 뛰어난 작품들은 외로움을 이겨낸 결과물이다. 책이 한 권 나오려고 해도 고독을 동반하지 않으면 안 된다. 리더십의 중대한 결단은 고독의 과정을 통해 태어난다. 깊은 영성은 고독의 방에서 달구어진다.

외로움에서 고독으로 가는 길은 성숙으로 가는 필수 코스다. 어린 아이가 한시도 엄마로부터 떨어지지 않으려고 하다가 어느 날 혼자 놀 줄 아는 때가 온다. 이는 아이가 자랐다는 뜻이다. 자기만의 세계가 시작된 것이다. 사춘기의 아이들은 창가에 턱을 괴고 있는 시간이 길어지면서 어른으로 자라 간다. 아무에게도 들키고 싶지 않은 자아의 내밀한 만남이 시작된 것이다. 그리고 혼자의 시간을 확보한 어느 날 날개를 달고 부모의 곁을 떠나간다. 공간 이동이 일어나지만 홀로 있는 것과 함께 친밀함을 누릴 줄 아는 균형을 터득한 것이다.

자신의 내면세계에 대한 안정감을 확보한 사람들은 고독의 시간을 스스로 찾아간다. 혼자만의 시간이 그렇게 외롭지 않은 것이다. 홀로 있는 시간을 다룰 줄 아는, 오히려 즐기는 단계가 되면 영성의 입문 과정이 시작된 것이다. 영성은 외로움의 끝에서 시작된다. 기도는 독대다. 절망의 두꺼운 벽 앞에 서서 누구의 위로도 도움이 되지 않을 때 진실한 기도를 배우게 된다.

승화된 고독을 즐길 줄 아는 훈련을 거치고 나면 사람이 많이 있을 때나 없을 때나 큰 영향을 받지 않는다. 내면이 풍요로운 사람은 환경과 상관없이 평안을 누리는 내적 힘을 가지고 있다. 내면의 자유로움을 누려야 자유인이다. 타의의 강요에 의해 독방에 들어가면 그곳은 감옥이 되고, 내가 선택해서 감옥에 들어가면 그곳은 수도원이 된다고 하지 않는가? 사도 바울은 감옥 안에서 여러 편의 편지를 써 역사에 남겼다.

현대 사회는 불안정하다. 사람과 사람 사이에 넘을 수 없는 경계선이 분명하다. 사람들은 고립된 작은 섬이 되어 있다. 대개 외로움에 찌들어 있다. 수면제로도 쉽게 잠을 이루지 못한다. 중독자들은 늘어만 간다. 요즘 지면에 오르내리는 프로포폴(Propofol)에 의존해서라도 쉬고 싶어 하는 사람들은 우리 시대의 아픈 자화상들이다. 인간관계는 이전보다 더 까다로워졌다. 사람들은 거짓된 친밀감으로 지쳤다. 내면을 붙들고 있는 기둥은 생각보다 허약해서 금세 쓰러진다.

고독의 힘을 길러야 한다. 광야에서의 칩거 시간이 절대적으로 필요하다. 은둔에서 뽑아져 나온 영성은 외로움에 찌든 영혼들을 보듬어 줄 수 있는 저력을 만들어 낸다. 고독에서 단련된 고요한 영혼에서 사람에게 목을 매지 않으면서도 사람들을 사랑할 수 있는 넉넉한 에너지가 분출된다.

22

잠시
거리 두기

현실에 파묻힌 현대인들

멀리 보이는 산 뒤로 뉘엿뉘엿 넘어가는 석양을 볼 때가 있다. 단풍으로 물든 산에 걸려 있는 가을 노을은 그야말로 예술 작품이다. 깊게 물든 단풍과 석양은 환상의 조합이다. 둘은 형제처럼 닮은 얼굴이다. 곧 사라질 순간을 맞고 있지만, 전혀 그런 기색을 보이지 않고 불그레한 청춘의 모습을 하고 있다. 가지 끝에 달린 마지막 잎새는 당차고 야무지다. 질 듯 지지 않고 서쪽 하늘을 물들인 노을의 마지막과 역시나 닮았다. 흐르는 세월을 거부하지 않고 자신을 비워 내면 누구나 저렇게 끝이 아름다울 수 있을까?

도시의 바쁜 일상에서, 고층 아파트 사이에 끼여 동굴 같은 주차장과 좁은 엘리베이터를 오고 가는 동안에 해는 홀로 외로이 지고, 가지에 매달려 있던 나뭇가지는 온몸을 떨다 끝내 떨어진다. 사람들은 먹고사는 일에 지쳐 아쉽게도 계절의 풍광에서 아무것도 얻지 못한다. 현실에 파묻혀 살다 보면 시계는 있는데 시간은 없고, 시간은 있는데 생(生)은 없다. 또 생활은 있는데 생명의 활력은 없다. 갈수록 삶은 모호해지고 미궁에 빠져 버린다. 현실에 매몰되면 현실은 사라진다. 자신만 현실로 여길 뿐 사실은 허구다. 현대인들은 정체성의 혼란에 자주 빠진다. 자신이 누구인지, 무엇을 하고 있는지 헷갈린다. 고성능 네비게이션은 있는데 정작 자기 집 주소는 잊어버렸기 때문이다.

여유가 주는 신선함

일상에서 잠시 한 걸음 물러나는 용기가 필요하다. 석양을 관즈하거나 나무 끝자락에 매달려 시간을 셈하고 있는 나뭇잎에서 생명의 경외를 느껴 보는 것이다. 이것은 현실과 약간의 거리를 두어야 가능한 일이다. 현실의 삶과 거리를 두는 것은 유익을 준다. 여행이 좋은 것은 현실과 거리를 둠으로써 여유 공간이 만들어지기 때문이다. 일상의 삶에 깊이 밀착되어 있다 보면 호흡곤란을 느낀다. 밀폐된 공간에 갇힌 생각은 탄력성이 떨어진다. 생각에도 곰팡이가 핀다. 그때부터 에너지의 방출이 심해지고 창조성은 고갈된다. 돌고 도는 지루함에 스스로에게 지치고 삶에 과부하가 일어나 마찰음만 요란해진다.

요즘은 창조성의 시대다. 땀을 흘리며 열심히 도끼질하는 것도 좋

지만, 미련하게 흘리는 땀방울은 자기 학대에 가깝다. 쉼 없이 도끼질하는 것보다 틈틈이 날을 가는 것이 지혜롭다. 바쁘긴 한데 맴돌그 있다면 한 박자 늦추고 뒤로 약간 물러나 현실과 거리를 두어야 한다. 설교 준비를 하다 보면 책상에 앉아 있긴 하지만 진도가 안 나갈 때가 있다. 그땐 끙끙대며 앉아 있기보다 의도적으로 음악을 듣거나 설교와 전혀 상관없는 책을 읽으려고 한다. 아무리 목까지 치밀고 들어오는 현실적인 문제가 있다 해도 거리를 두다 보면 어느 순간 빛을 볼 수 있다.

정신세계란 오묘하다. 무조건 닦달을 한다고 내 마음대로 쥐락펴락할 수 있는 것이 아니다. 아무리 짜내려 해도 마치 얼어붙은 바다처럼 단단해져서 거기에서는 아무것도 건져 올릴 수 없을 때가 있다. 내가 집중하던 것으로부터 벗어나 전혀 다른 장르로 넘어가는 사치스러움이 있어야 한다. 가끔 머리를 비우고 가슴을 식혀 주어야 한다. 혈안이 되어 있던 과제로부터 벗어나는 용기를 가져야 한다. 나도 모르게 과욕으로 변질된 것 안에서 동기의 순수성을 식별해 낼 수 있어야 한다. 너무 오랫동안 바라보다 잃어버린 객관성을 되찾아야 한다. 오랫동안 함께한 관계나 일들로부터 잠시 거리 두기를 하다 보면, 새로운 관점이 일어난다.

마음 비우기, 일시적으로 딴청 피우기는 내 안에 하나님이 세팅해 놓으신 창조력이 활화산처럼 솟구치게 하는 마중물이 된다. 신선한 아이디어, 창조적 발상, 지루함을 한 방에 날려 버릴 통찰력들이 봇물처럼 터져 나오는 것을 꿈꾼다면 뜨거운 감자를 식힐 시간을 위해 잠시 거리를 두어야 한다. 일상에 묻혀 내 안에 내장된 엄청난 잠재력이 짓눌린 세월을 보내고 있다면 졸라맨 것들을 약간 느슨하게 풀어야 한다.

   지금 해 보라. 소파에 몸을 뒤로 지긋이 젖혀 보라. 시선은 가능한 한 멀리 두고, 그렇게 화려하게 수를 놓던 석양이 사라져 버리고 난 다음에도 그 여운을 즐기고 호흡을 들이켜 가슴에 담아 보라. 솟구치는 생명의 활력이 내 안에서 살아나는 것을 느끼게 될 것이다. 그때 무엇인가에 짓눌려 있던 삶에서 창조의 날개가 펴지고, 전혀 다른 삶을 살게 되는 짜릿함이 시작된다.

4부

꽃은 시들어도
뿌리는 겨울을
살아 낸다

23
냉정과 열정 사이

냉정과 열정의 엇갈림

인간의 삶은 냉정과 열정의 엇갈림을 통해 이야기를 만들어 간다. 사랑이 열정이라면 이별은 냉정이다. 성공이 열정이라면 실패는 냉정이다. 젊음이 열정이라면 늙음은 냉정에 속한다. 열정이 감성적이라면 냉정은 이성적이다. 비발디(Antonio Vivald)의 〈사계〉 중 여름을 듣다 보면, 한순간에 모든 것을 끝낼 듯한, 폭포수가 흘러내리는 것 같은 분위기에서 열정을 느낀다. 톡톡 쏘는 매서운 바람이 불어닥치는 겨울은 냉정이다. 뒷동산으로 봄나물을 캐러 가는 처녀는 열정이지만 차가운 새벽 바다를 가르며 고기를 잡으러 가는 어부에게 그 차가운 바다는 언제나 냉정이다.

누구나 엔도르핀이 넘칠 때가 있다. 의욕이 넘치고 무엇이든 될 것 같은 성공 예감이 자신의 영혼을 충만하게 사로잡을 때 그것은 열정이다. 그러나 한낮에도 짙은 커튼을 내리고, 죽고 싶을 만큼 우울해서 쓰디쓴 침을 삼키는 때는 잔혹하기 그지없는 냉정이다.

한국인은 붉은색이 잘 어울리는 열정적인 민족이다. 한국인의 가슴에는 사물놀이패의 장단이 숨어 있어서 언제나 발가락이 움직이고 있다. 2002년 월드컵 때 한국은 민족적으로 광란의 밤을 보내며 잠 못 이루는 백야를 만들었다. 어디엔가 숨어 있던 것들이 활화산처럼 뿜어져 나오던 광기의 분출에 우리는 물론 전 세계를 놀라게 했다.

가야금 연주자들 사이에 '280'이라는 것이 있다고 한다. '280'이란, 같은 음 셋을 연주할 때의 주법이다. 먼저 검지로 현을 탄 후 중지와 검지로 줄을 튕겨 주는 주법이라고 하는데, 이 '280'을 연주하면 마치 말을 타고 가는 듯한 느낌을 받게 된다고 한다. 가야금과 기다 민족과 연관이 있는 것일까? 가수 싸이의 말춤이 한순간에 세계를 흔들어 놓은 것은 수천 년의 역사 속에 흐르던 피가 끼를 만난 것인지도 모른다. 가야금의 통통 튀는 음률에서 느껴지는 하늘을 날 듯한 경쾌함에는 침울한 영혼을 흔들어 놓는 하이 터치가 있다. 한국의 민족혼에 숨은 것은 분명히 열정이다.

그에 비해 일본은 민족적으로 우울한 기질이 있다. 차디찬 냉정함이 흐른다. 잘 가꾸어진 정원에서, 단정한 자세로 무릎을 꿇고, 찻잔을 들고 있는 일본인의 모습에서 냉정함이 엄습해 온다. 도쿄 번화가의 유명한 식당에서 수많은 사람들이 앉아서 먹고 있는데도 그렇게 조용할 수가 없다. 회전 식당에서 앞만 바라보며 조용히 묵상하듯이 초밥을 먹는 모습에는 차분함을 넘어 냉정함이 흐른다.

냉정과 열정의 만남

　냉정과 열정이 이웃하면서 만든 독특한 역사가 있다. 어디에서나 냉정과 열정은 만날 수 있다. 냉정과 열정은 그 자체로는 극과 극이다. 전혀 다르다. 그런데 냉정과 열정이 만나면서 작품이 탄생한다. 냉정만 홀로 있으면 삶이 우울해진다. 열정만 홀로 춤추도록 내버려 두면 천박해질 수 있다. 대장간에서 뜨거운 불에 달군 철을 차가운 물에 담그고 두들기는 반복적인 행위를 통해 작품이 만들어진다. 냉정과 열정이 서로 엇갈리듯 마주쳐야 작품이 만들어지는 것이다.
　열정은 드러남이고, 냉정은 자신을 감추는 것이다. 모든 것을 드러내면 추하고 너무 많이 감추고자 하면 야속하다. 드러남과 감춤은 함께 팔짱을 껴야 한다. 밖으로 외치는 것과 안으로 삭이는 침묵이 적절하게 균형을 이루어야 기막힌 그 무엇이 태어난다. 열정만 있는 흘러넘침은 과소비로 끝날 수 있다. 냉정의 견제를 받을 때 열정은 격조 있는 꽃을 피우게 된다. 냉정만 있는 곳에는 불꽃 튀는 삶의 잔치가 없다. 냉정은 열정을 등에 업어야 하고, 열정은 냉정을 품어 주어야 한다. 냉정과 열정이 서로를 밀어내지 않으며 품어 줄 때 서로가 살아날 수 있다. 열정만 있는 곳은 허무한 불꽃 쇼가 된다. 순간의 환희는 있지만 지속되는 기쁨은 맛볼 수 없는 것이다. 냉정에서는 따뜻함을 느낄 수 없지만 차가운 바닥에서 창조성이 솟아오른다. 대가들의 빛나는 작품들은 대체로 어둡고 밀폐된, 단조풍의 환경에서 만들어졌다.

　창조성은 냉정과 열정 사이에서 만들어진다. 외로움은 냉정의 시간이지만, 동시에 무엇인가를 만들어 내는 열정이 싹트는 시간이다. 살다 보면 열정과 냉정을 오고 간다. 슈베르트(Franz Peter Schubert)의 경쾌함이 있을 때가 있는가 하면, 베토벤(Ludwig van Beethoven)의 〈비창〉이나 〈운명〉과 같이 어두운 때가 있다. 격정에 넘쳐 어쩔 줄 몰라 하는 때가 있는가 하면, 모든 것을 멈추고 싶은 우울함으로 전환될 때가 있다. 어느 순간이든 너무 박절(迫切)하게 밀어내지 말고 보듬으면, 냉정과 열정 사이에서 의외의 새로운 세상이 만들어지게 된다.

24
아프지 않은
사람은 없다

피할 수 없는 삶의 아픔

　삶은 아픔이다. 세상은 온통 아픔으로 가득하다. 아프지 않은 사람은 없다. 아픈 것이 정상이다. 고통은 인간임을 나타내는 증명서다. 생명이 있는 동안은 아픔이 함께한다. 지구가 존재하는 한 고통으로부터 자유로울 수 없다. 사람은 태어날 때부터 아픔을 겪는다. 산모 역시 진통하며 생명을 낳는다. 아이들은 아프면서 커 간다. 아픔에 익숙해지면서 자란다. 오래 살았다는 것은 아픔을 많이 겪었다는 뜻이다. 몸은 멀쩡해 보여도 가슴에는 누구나 상처가 있다.

　아픔의 종류는 밤하늘의 별처럼 헤아릴 수 없다. 아마도 세상에서 가장 종류가 많은 것이 아픔일지도 모른다. 아픔이 다양한 만큼 아픔을 설명하는 것 역시 쉬운 일이 아니다. 여자가 겪는 아픔과 남자가 겪는 아픔은 다르다. 젊은이들이 겪는 아픔과 노년기의 어른이 겪는 아픔은 다른 것이다. 나이가 들수록 아픔은 누비이불의 모자이크같이 현란하고 복잡해져 간다. 어떤 아픔은 손님처럼 잠시 머물다 가지만, 어떤 아픔은 안방 주인처럼 평생의 동반자가 되기도 한다. 좀처럼 받아들이기 어려운 아픔이 있는가 하면, 어쩔 수 없이 받아들여야 하는 아픔도 있다.

사랑한다는 것은 아픔을 의미한다. 상처를 많이 받은 쪽이 더 많이 사랑했다는 증거다. 예쁜 꽃에도 상처가 있듯이 아무리 아름다운 사랑이라도 상처는 피할 수 없다. 아픔을 각오하지 않는다면 사랑하려고 해서도 안 된다.

아픔을 받아들이는 태도

아픔 자체보다 아픔에 대한 나의 반응이 중요하다. 아픔을 거부할 수는 없지만 찾아오는 아픔에 대한 반응은 선택할 수 있다. 우선 아픔과 친숙해져야 한다. 아픔을 너무 낯설어하지 않아야 한다. 아픔을 부정하거나 증오하면 불행해진다. 아픔을 너무 쌀쌀맞게 대하면 아픔은 더 얄밉게 나에게서 떨어지지 않는다. 아픔을 가능한 한 감싸 안아야 한다.

고통을 긍정하는 태도가 중요하다. 아픔에 대한 건강한 반응은 축복이 된다. 나병 환자들에게는 고통을 느낄 수 없다는 사실이 고통이다. 불에 데어도 고통을 느끼지 못하는 것은 슬픈 일이다. 아픔을 느

낀다는 것 자체가 축복이다. 아픔에 대한 건강한 반응은 아플 때 아프다고 인정하는 것이다. 아픔에 대해 정직한 반응을 해야 한다. 아픔을 숨기거나 부정할수록 아픔은 앙칼지게 달려든다. 사람들은 자신에게 찾아오는 아픔에 대해서 부정하려는 태도를 보일 때가 많다. 그러나 아픔을 긍정해야 한다.

물론 아픔 자체는 좋아 보일 리 없다. 아픔이 오면 우선 힘든 것이 사실이다. 그러나 아픔은 시간을 통해 신비로운 일을 해낸다. 아픔을 통해서 생명이 탄생한다. 모든 축복은 아픔의 대가로 주어진 선물이다. 고통 없이는 얻는 것이 없다. 성숙하려면 아픔을 통과해야 한다. 고통이 노래가 되고 춤이 되면 영혼을 파고드는 마력이 있다. 세상의 모든 것은 아픔이 만들어 낸 작품이다. 미켈란젤로(Michelangelo Buonarroti)의 명작인 〈다비드〉 상 역시 수없이 깨어지는 아픔을 통과하고 나서야 세상에 모습을 드러낼 수 있었다.

아픔은 사람이 되게 한다. 아픔을 모르는 사람은 잔인한 인간이 될 가능성이 높다. 상실한 마음으로 아픔을 겪을 때 비로소 감사의 마음을 배우게 된다. 아픔을 겪어 본 사람이라야 위로의 위력을 경험할 수 있다. 고통을 겪은 만큼 인격의 용량이 넓어져 가는 것은 어쩔 수 없는 인간의 운명이다.

아픔을 부인하거나 숨길 이유가 없다. 아픔을 브끄러워할 필요가 없다. 아픔을 아픔으로 인정할 때부터 치유가 시작된다. 아픈 것은 아프다고 말해야 한다. 그때부터 아픔은 새로운 생명이 되어 나에게로 돌아오게 된다. 고통은 이해하기 힘든 신비다. 한때 받아들이기 힘들었던 고통은, 지나고 보면 위대한 오늘을 만든 힘이다. 고통은 절대로 내쳐서는 안 된다. 고통이 여물면 놀라운 일이 일어난다. 아픔을 거부하지 않고 끌어안으면 아픔의 피해자가 아니라 수혜자가 될 수 있다. 아픔은 진실로, 축복이다.

25
실수를 줄이는 것이 실력이다

인생은, 실수를 줄이는 싸움

"내가 실수만 하지 않았어도 이겼을 텐데…."
 운동 경기를 하다 보면 이렇게 아쉬워할 때가 있다. 얼마든지 이길 수 있었는데, 혹은 운이 따라 주지 않아서 억울하게 졌다고 말한다. 실수한 것에 대한 변명을 늘어놓는다. 물론 안타까울 때도 있다. 그럼에도 최종적인 결론은 바뀌지 않는다. 결국은 실력이 없어서 진 것이다. 탁월한 성적을 내는 선수들은 그냥 된 게 아니다. 실수를 줄이기 위해 끝없는 훈련을 했기 때문이다.

  운동 경기뿐 아니라 인생도 실수를 줄이는 싸움이다. 사업가에게 한 번의 실수는 10-20년의 세월을 뒤로 돌려놓을 수 있다. 골퍼는 단 한 번의 미세한 실수로 우승컵을 놓친다. 1등과 2등이 한 타 차이인 경우가 많다. 단 한 타 차이다. 야구는 어떤가? 타자로서 꾸준히 3할만 쳐도 좋은 선수다. 그런데 2할대 선수와 3할대 선수는 100번의 타석에서 딱 한 번을 더 치느냐 치지 못하느냐에 의해 가늠된다. 전력 질주 한 번, 타석 한 번이 탁월함을 결정짓는다. 그 간발의 차이가 야속하기도 하지만, 현실은 단 한 번의 실수도 그냥 넘어가는 법이 없다. 쉬운 싸움은 없다. 동네 축구에서는 헛발질을 해도 괜찮다. 그러나 월드컵이나 유럽 리그에서는 어림도 없다. 호날두(Cristiano Ronaldo)나 메시(Lionel Messi) 같은 선수들은 결정적인 순간이 오면 정확하게 골을 성공시킨다. TV로 시청하다 보면 나도 찰 수 있을 것처럼 생각하지만 그것은 어디까지나 착각이다.

우리는 종종 "그때 실수만 하지 않았더라면…" 하고 말한다. 그러나 치열한 삶의 현장에서 그런 말은 의미가 없다. 이미 버스는 지나가고 말았다. 결국 실수를 줄이는 일이 관건이다. 실수를 적게 하는 것이 바로 실력이다. 삶의 현장은 치열하다. 어디를 가나 쉬운 것이 하나도 없다. 무한 경쟁 시대가 열렸다. 기회는 모두에게 주어지지만 그 모두와 경쟁해야 하는 시대다. 어쩌면 우리는 더 힘겨운 싸움을 벌여야 하는 시대에 살고 있는지도 모른다.

빠르게 변하는 세상에서는 미래를 전망하기가 어렵다. 세상은 아주 냉정하다. 단 한 번의 실수로도 그동안 쌓은 신뢰를 잃어버릴 수 있다. 실수를 줄이는 것이 필요하다. 실수를 줄이려면 눈물겨운 훈련을 해야 한다. 실수할 확률을 낮추기 위한 노력은 국제적인 무대에 나갈수록 더 필요하다. 그것은 자기와의 싸움이다. 실수를 줄이기 위해서는 훈련 또 훈련밖에 없다. 김연아 선수는 하나의 기술을 습득하기 위해 엉덩방아를 수백, 수천 번을 찧었다고 하지 않는가?

　어느 영역이든 자신의 삶에서 업그레이드를 경험해 본 사람이라면 한 단계 끌어올리는 것이 얼마나 어려운 일인가를 알고 있다. 대개는 현상을 유지하는 것조차 버겁다. 현상 유지만 해도 꽤 괜찮다는 소리를 듣는다. 전문 영역으로 갈수록 한 단계의 업그레이드가 얼마나 멀고도 험난한지 모른다. 인간 탄알이라고 불리는 우사인 볼트(Usain Bolt)는 2009년에 자신이 세운 100m 세계 신기록 9.58초를 아직까지 깨지 못하고 있다. 2012년에 그의 기록은 9.76초였다.

완벽을 향해 도전하는 아름다움

　인생을 운에 맡길 수는 없다. 실수를 불운이라고 결론 내리면 안 된다. 남의 성공을 운으로 폄하해서도 안 된다. 자기 실수를 누구의 탓으로 돌리는 것은 더욱 안 될 일이다. 실수는 내가 한 것이다. 도덕적인 실수도 마찬가지다. 어쩌다가 일어난 우발적인 것이 아니다. 대개는 작은 실수들을 허용한 잘못된 습관이 쌓여 어느 날 치명적인 실수를 불러들이는 것이다. 잦은 실수를 하면서 어쩔 수 없었다고 한다면 정당한 대우를 받기 어렵다. 피땀 흘리는 노력 없이 성공을 기대하는 것이 바로 도박이다. 그러나 삶은 매일 도전이다.

　누구나 실수를 할 수 있다. 한 번의 실수에 너무 자학해서는 안 된

다. 문제는 반복되는 실수다. 반복되는 실수는 삶의 태도에서 원인을 찾아야 한다. 실수를 우연으로 돌리는 태도도 그 원인 중 하나다. 자기 실수에 대한 지나친 관대함도 문제다. 실수를 줄이는 것이 실력이다. 남들이 볼 때 인생 역전극을 만들어 낸 사람들이 있다. 그러나 어쩌다가 우연히 그렇게 된 것은 없다. 발레리나 강수진은 "눈물과 땀은 거짓말을 하지 않는다"고 말한다. 실수를 줄이기 위해 땀을 흘리는 사람은 변명이나 핑계를 댈 줄 모른다. 그것은 자기 자신을 속이는 것임을 잘 알기 때문이다.

자신의 삶에 대해서 언제나 정직해야 한다. 정직한 삶에는 어김없이 땀과 눈물의 냄새가 배어 있다. 실수를 줄이는 만큼 성장과 변화가 일어난다. 그것이 바로 실력이다. 완벽할 수는 없지만 완벽을 향해 도전하는 인생이 아름답다.

26
과거와
미래 사이에서

시간의 경계선

인간은 시간을 산다. 삶은 시간이다. 삶을 사랑하는 사람은 시간에 대한 애정이 깊다. 인생은 시간이라는 화폭에서 그려 가는 작업이다. 삶은 시간의 조각들이다. 어제, 오늘, 내일이라는 시간의 덩어리를 정교하게 다듬어 가며 작품이 되어 간다. 삶은 시간이 지나간 자리에 남은 흔적이다. 시간은 항상 경계선을 그으며 앞으로 나아가고 있다. 시간은 일정한 속도로 과거를 흘러가게 하고, 현재를 떠오르게 하며, 미래를 당겨 온다.

　시간은 분명한 경계선을 긋고 있다. 지나가 버린 과거, 오지 않은 미래는 나의 시간이 아니다. 오직 현재의 시간만 나에게 있다. 현재는 과거와 미래의 경계선 위에 놓여 있다. 어느 쪽에 더 쏠리느냐에 따라 방향이 달라진다. 시선은 미래를 향해 있지만, 감정은 아직 과거의 한 시점에 머물러 있다면 현재는 물론, 미래도 오지 않을 것이다. 과거가 정리되지 않으면 미래를 잇는 현재의 연결 고리는 약할 수밖에 없다. 시간이라는 강 밑바닥에 상처의 골이 깊게 패여 있으면 강은 역류한다. 바람에 출렁이는 강의 표면보다 밑바닥에서 고고히 흐르고 있는 것이 문제다.

과거라는 시간의 경계선 밖으로 나오지 못하고 멈춰 선 사람들이 의외로 많다. 과거의 시간에서 사람들이 응시하고 있는 것은 아픈 추억이다. 아픈 과거를 떠나보내지 못하고 끌어안으면 그 상처는 계속 자란다. 나이는 들었지만 여전히 어린아이로 울고 서 있는 것이다.

과거를 무시할 수는 없다. 문제는 지나친 과거 응시다. 그것은 문제를 조망하는 해석의 방식과 연관이 있다. 과거의 기억을 무조건 잊으려고 하면 더욱 선명해진다. 새로운 해석을 통해 아픈 과거에 예쁜 리본을 달아 주어야 미래를 여는 길에 꽃가루가 뿌려진다. 그늘진 과거의 어느 시간에 빛을 비추어야 어두운 과거로부터 해방될 수 있다. 그 과거를 충분히 사랑하고 끌어안아 주면 과거의 기억은 고전이 되어 미래를 살아가게 하는 지혜가 된다. 아픈 상처가 아름다운 추억으로 변모되는 순간, 과거라는 시간의 경계선이 정확히 그어진다.

과거, 현재, 미래는 엿가락처럼 딱 부러지지 않는다. 무리한 단절은 더 큰 고통을 안겨 줄 수 있다. 시간은 임의로 단절할 수 없다. 서로 긴밀하게 연결되어 서로를 축복해 주지 않으면 인생은 꼬인다. 인생이 꼬인 것은 시간의 배열이 뒤엉킨 것이다. 과거와 오늘의 혼재다. 아픈 과거의 상처를 싸매어 주지 않으면 내가 그토록 싫어했던 과거가 다시 살아나 나를 괴롭힌다. 악순환의 질긴 고리를 끊어야 한다. 과거는 과거가 되게 해야 한다. 현재는 현재다워야 한다. 시간이 막힘없이 흐르게 해야 한다. 과거에 발목이 잡혀서도 안 되고, 동시에 미래를 향해 너무 성급하지도 않아야 한다. 관건은 현재의 시간에 몰입도를 높이는 일이다. 오늘이라는 시간의 질량을 높여야 한다. 삶의 중량감은 곧 시간의 가속도에서 만들어진다. 현재에 충실할수록 미래는 더욱 친숙해진다.

현실은, 지금 내가 가진 시간

미래는 생각보다 까다롭다. 현재에서 미래로 넘어간다는 것은 두려운 일이다. 미래는 짙은 베일로 자신을 철저히 숨기고 있다. 늘 낯선 얼굴을 하고 있다. 미래로 가는 길은 알 수 없는 미로다. 한 치 앞도 알 수 없다. 미래는 거칠고 가파르다. 보일 듯 보이지 않는 뿌연 미래는 위대함의 탄생을 만들어 낼지, 아니면 길 잃은 조난자들을 만들어 낼지 알 수 없다. 그러나 머뭇거리면 안 된다. 거침없이 걸어가야 한다. 미래를 향해 용기를 내지 않으면 후회로 가득 찬 과거가 나를 지배하게 된다. 후회라는 과거를 많이 가진 사람은 불투명한 미래 앞에서 오랫동안 머뭇거린 까닭이다.

조금만 힘들어도 과거로 숨어들려는 연약함은 현실 도피가 되고,

허망한 꿈에 사로잡혀 치열한 현재가 없다면 그 미래는 과대망상이 된다. 과거의 상처와 미래의 꿈 사이에서 현실은 내가 가진 유일한 시간이고, 내가 그릴 화폭이며 연주할 악보가 된다. 과거의 후회를 걷어내고, 현재의 시간을 적극적으로 환영하면 미래는 미소를 띠고 나를 반겨 줄 것이다. 지금 현재의 나를 사랑하고, 내 곁에 있는 사람을 사랑하고, 내게 주어진 날들을 끌어안아야 한다. 현재를 사랑하는 사람은 과거를 미워할 이유가 없고, 미래에 대한 두려움을 가질 필요가 없다. 건강하고 충실한 오늘이 과거를 재해석하고 친밀한 미래를 얻는 힘을 갖게 한다.

27

남김 없이
쓰고 가는 것이
인생이다

어느 날 찾아오는 초조함

조지 휫필드(George Whitefield)는 "녹슬어 없어지기보다는 닳아 없어지기를 원한다"는 명언을 남겼다. 녹슬어 가는 인생과 닳아져 가는 인생은 확연히 다르다. 그냥 던져져 떠내려가는 것과 불꽃처럼 커져 나가는 것은 다르다. 인생은 유한하다. 시간 속에서 조금씩 퇴화되어 간다. 눈에 보이는 모든 것이 낡고 녹슬어 사라지듯이 인생 역시 소모되어 간다. 눈에 보이지 않지만 사람에게도 주어진 유효 기간이 있다. 세월이 흐르면 육체의 소멸을 막을 수 없다.

대개 30세까지는 지식을 축적하는 데 시간을 쓴다. 그리고 결혼을 하고 가족들을 먹여 살리기 위해 정신없이 뛰다 보면 마흔은 예상보다 빠르게 다가온다. 그런데 마흔 이후부터는 몸과 마음이 쇠퇴하는 힘의 작용 안으로 들어간다. 갑작스러운 것은 아니지만 당황스러운 일이다.

초로(初老)의 지점인 이때, 마음이 초조해지기 시작한다. 인생을 반전하고 싶은 유혹이 밀려온다. 잘못 살아온 것 같은 회한은 누구에게나 있다. 좀 더 의미 있는 삶을 살고 싶은 열망에 잠을 설친다. 혁명을 꿈꾸지만 성공의 확률이 매우 낮다는 것에 두려워한다. 지금까지 살아왔던 삶의 방식을 바꾼다는 것은 생각처럼 쉽지 않다. 이미 굳어 버린 현실 속에 만들어져 있는 자신으로 인해 좌절과 체념이 자리 잡는다. 대개 반전은 고사하고 현상 유지마저 힘겨워진다. 삶에 대한 투지나 열정이 없는 것은 아니지만, 만만하지 않은 현실을 맛보았기 때문에 주눅이 든다.

이쯤 되면 흥이 나는 일이 적어진다. 재미가 없다는 말이 독백처럼 새어 나온다. 이런 쪽으로 흐르다 보면 삶은 썰물이 빠져나간 여름 바다처럼 황량해진다. 녹슬어 가는 인생이 되는 것이다.

그럼에도 반전을 시도해야 한다. 녹슬어 감을 강하게 거부하는 것이다. 일방적인 감가상각을 허용할 수는 없다. 알고 보면 삶은 출렁거리는 기회의 바다다. 삶을 기회로 보는 사람은 지금 있는 그 자리가 가장 좋은 순간이다.

나를 주저 없이 사용하기

나이는 숫자에 불과하다고 하는 것은 맞는 달일 수 있다. 사실 육체는 쇠퇴하지만 정신은 깊고 풍성해진다. 모든 것을 담아낼 수 있는 준비된 그릇이 될 수 있다. 삶을 대하는 태도가 중요하다. 지난날은 단순히 흘러가 버린 안타까움의 시간이 아니다. 더 농익은 삶을 위한 준비로 내적 힘과 균형 감각이 만들어져 있다면 기대할 만하다. 인간의 잠재력은 대단하다. 대개 인간은 뇌세포의 10%, 많아도 20%를 사용하지 못하고 죽는다고 한다. 자신의 삶에 주어진 경주에서 최선을 다해 보기도 전해 움츠러 들고 만다면 여간 안타까운 일이 아니다. 시간의 상실을 무심코 바라보고 있기보다 적극적인 삶의 태도를 가져야 한다.

자신을 너무 아끼지 않는 것이 좋다. 아끼는 것만큼 낭비는 없다. 너무 오래 생각하고 주저하는 인생은 많은 것을 잃어버릴 수 있다. 깊숙이 간직한 고급 그릇보다는 막 쓰이는 그릇이 훨씬 더 낫다. 누가 불러 주면 그냥 감사하게 여기고 달려가는 것이 지혜로운 삶의 방식이다. 너무 재다 보면 기회는 지나가 버린다. 주연만 하겠다고 기다리는 것보다 조연이라도 좋다는 태도로 많이 쓰임 받는 것이 좋다. 늘 주연만 할 수는 없다. 어디든 나를 불러 주기만 해도 고마운 일이다.

실패를 너무 무서워할 필요는 없다. 성공이란 거듭된 실패의 꼬리를 물고 나온 또 하나의 시도에서 일어난 것이다. 가능하면 많이 해 보는 것이 좋다. 너무 잘해야 한다는 생각에 굼뜨는 것보다 그냥 많이 하다 보니 잘해지는 편이 남는 장사다. 무엇이든 많이 해 본 사람에게 훨씬 더 많은 기회가 찾아오는 법이다.

세상이 많이 변했다. 어느 분야든지 가만히 앉아 있는 사람에게 기회가 올 가능성은 희박해졌다. 이 나이에 누가 나를 써 주겠느냐며 푸념하면 안 된다. 내가 직업을 하나 만들어 나를 써 주면 된다. 긍정적인 태도를 가진 사람들은 지금 자신에게 주어진 순간을 거부하지 않고 껴안는다. 남들이 뭐라고 하든, 내가 있는 지금의 직장이 최고라고 여기는 태도가 좋다. 적극적인 사람은 기회가 올 것이라고 목을 빼고 기다리지 않고 자신이 기회를 만든다. 대충 넘겨 지나는 순간이란 없다. 언제나 최선의 경주를 해야 한다.

    인생의 전반전에 어이없는 골을 많이 먹었어도 후반전에 역전극을 펼치면 더욱 감격스럽기 마련이다. 후반전 마지막 휘슬이 울릴 때까지 경기는 알 수 없다. 공은 둥글기 때문에 누구의 발에 맞아 어떻게 들어갈지는 아무도 모른다. 인생도 그렇다. 삶은 변수로 가득 차 있다. 무엇을 하든지 신명 나게 하다 보면 의외의 순간이 내게로 다가온다.

28
초연히, 관조하듯

온통 들떠 있는 세상

시오노 나나미(しおのななみ)는 『로마인 이야기』(한길사)에서 로마 시대의 지도자의 특징을 "현상의 보이지 않는 이면을 보는 능력을 가진 것"이라고 했다. 겉으로 드러난 현상과 이면의 세계에는 현격한 차이가 있다. 현상을 평면적으로만 보는 단순한 사람이 있다. 또 사물을 둘러싼 배경을 포괄적이고 입체적으로 보는 사람이 있다. 바라

보는 각도에 따라 다른 해석이 나온다. 결국, 표면적인 안목보다 깊은 곳을 들여다보는 혜안이 인생의 질을 결정한다. 사물에 대한 통찰력을 가지면 자연히 영향력이 생겨난다. 통찰력이 약하면 임기응변과 순간적인 처세술에 기대어 살아가게 된다. 눈치가 아무리 빨라도 깊은 지혜를 길어 올리지 않으면 인생은 빈궁해질 수밖에 없다. 넓고, 깊게 보는 훈련을 계속하다 보면 사물을 관통하는 통찰력을 얻는 수확이 종종 일어난다.

요즘 시대의 경향은 말초적이고 감각적이다. 쉽게 판단하고 가볍게 결정해 버리는 문화 현상이 뚜렷하다. 충동적이고 우발적인 일들이 흔하다. 섣부른 자기 결론에 빠져 죽느니 사느니 한다. 이런 문화 안에는 선동성이 숨어 있다. 한국은 개인보다 집단적 선동성이 강한 나라다. 선동적인 분위기에 대중은 쉽게 끓어오르다가 식어 버린다. 갑자기 스타가 되기도 하고, 졸지에 안티에게 몰려 폐기 처분을 당하기도 한다.

미디어가 선동의 중심이 되었다. 소셜 네트워크의 힘이 엄청나다. 대중가수 싸이의 '말춤'이 지구촌을 흔들어 놓았다. 지구의 저쪽 편에서 우리말을 전혀 모르는 사람들이 리듬에 맞추어 말춤을 춘다. 이전에는 생각할 수 없었던 기이한 문화 현상이다.

선동적 문화 속에서 사람들의 마음은 늘 들떠 있고, 교감 신경은 극도로 예민해져 있다. 심장의 박동이 빠르다. 늘 쫓기듯 살아가고, 손에는 무엇인가를 붙잡고 있어야 마음이 놓이고, 없으면 불안이 밀려온다. 정서적 교란 현상이 과도해진 것이다. 이런 시대에서는 차분해져야 한다. 고무풍선처럼 부풀어 오른 현실과 적정한 거리를 둘 필요가 있다. 들뜬 마음을 가라앉혀야 한다. 뒤엉켜 있는 생각과 들뜬 감정을 순화시켜야 한다. 영혼의 질서정연함을 통하여 사물을 초연히, 그리고 관조하듯 바라보는 성숙함이 필요하다. 작은 사건에도 화들짝 놀라고 부화뇌동하는 조급증을 잠재워야 한다.

차분함이 필요한 때

묵상적 독서가 필요하다. 영혼을 기름지게 하지 않으면 가슴은 황량한 들판이 된다. 특히 고전 작품들을 읽다 보면 안정감과 영혼의 부를 경험한다. 사람들의 손이 잘 닿지 않은 책들의 먼지를 털어 내고 읽다 보면, 선각자들의 영혼을 깨고 나온 깨달음의 세계가 우리의 마음을 곱게 빚어 준다. 고전은 역사를 가로지르며, 모든 이들에게 보편적이고 핵심적인 가치를 전해 준다.

안타깝게도 요즘 젊은이들에게 고전은 인기가 없다. 마크 트웨인(Mark Twain)은 "고전이란 사람들이 칭찬은 하지만 읽지는 않는 책"이라고 했다. 사람들은 고전을 읽는 대신 스마트 폰을 들여다보며 헤프게 웃고 있다. 스티브 잡스(Steve Jobs)가 세상을 뒤집어 놓았다. 그는 사람들의 손에서 책을 빼앗아 버린 문화의 악동이라고 할 수 있다. 스마트 폰은 터치만 하면 가까운 식당 소개에서부터 내가 알고 싶은 거의 모든 정보를 즉석에서 친절하게 알려 준다. 정보는 어디에나 흘러넘친다.

그런데 왠지 목이 마르다. 값싼 정보는 패스트푸드와 같다. 굶주린 배는 채웠는데 건강에는 도움이 되지 않는 것이다. 본래 우리의 문화는 김치와 된장을 숙성시키고, 뜸을 지긋이 들여 밥을 지어 먹었다. 지긋함의 매력을 가지고 있었다. 우리는 숙성된 깊은 맛을 아는 민족이다. 조급함보다는 관조를 즐긴 조상들의 후예다. 그런데 지금은 모든 것이 급해졌다. 얄팍해졌다. 밀란 쿤데라(Milan Kundera)의 『참을 수 없는 존재의 가벼움』(민음사)이 우리의 이야기가 되고 말았다. 진지함보다 경박스러움을, 우러나오는 감동보다는 순간적 짜릿함에 영혼을 내맡기고 있다.

    어떤 사물이나 사람에 대해 싫다고 금방 고개를 돌리지 말고 찬찬히 들여다보면 새로운 사실이 새록새록 솟아오르는 것을 볼 수 있다. 『그리스인 조르바』(열린책들)를 쓴 작가 니코스 카잔차키스(Nikos Kazantzakis)는 "우리는 현실을 바꿀 수 없다. 그러나 현실을 보는 눈은 바꿀 수는 있다"고 했다. 내가 지금 보고 있는 것이 아니라 볼 줄 아는 힘이 내 인생을 바꾼다. 이제 시간을 곰삭히며, 사물을 관찰하고, 사건을 재해석하고, 일상에서 통찰을 얻고자 애를 쓴다면 요동치는 세상에 휘둘리지 않을 것이다. 해학이 있는 멋진 삶을 살 수 있을 것이다.

29
국화 향기에 젖어

생각을 깨우는 계절

가을의 멋스러움에 가슴이 단풍처럼 익는 계절이다. 가을은 나이 든 노신사처럼 몸에 밴 멋이 있다. 가을에 핀 꽃들은 화려하기보다는 소박하다. 가을의 색채감은 풍성함보다 깊음이다. 가을의 꽃, 국화는 여름 더위에 시달린 사람의 영혼을 어루만지는 바람이다. 국화에서 묻어나는 향은 장미나 백합처럼 강하지는 않지만 묵향같이 그윽하게 품어 내는 독특함이 있다. 그래서인지 후각보다는 오감을 자극하는 꽃이다. 가을바람에 시달린 다음이어서인지 꽃 매무새가 야무지다. 짙은 색의 꽃잎에서 철학가의 무게가 느껴진다. 생각 없이 흐드러진 것이 아니라 긴 시간 속에서 피어난 꽃답게 가을에 잘 어울린다.

가을은 지성을 자극한다. 책을 손에 들지 않으면 죄스러워지는 계절이다. 천진난만한 아이도 하늘을 한번쯤 바라보면서 눈을 깜빡이며 생각하게 만든다. 가을 국화에 수없는 생각이 불꽃처럼 발화한다. 그냥 막 살면 안 될 것 같은 숙연함이 일어난다. 삶의 깊이는 생각의 깊이다. 생각에 불을 질러 타오르게 해야 삶이 불꽃처럼 일어날 수 있다

메마른 도시의 삶에 쫓기다 보면 생각의 실종 현상이 일어난다. 분주한 삶에 토막 난 생각들은 무념에 가깝다. 생각 없는 행동에는 후회가 따른다. 생각에 생기를 느낄 수 없다면 재미가 없다. 생각의 바다는 언제나 출렁거려야 한다. 생각 속에 치열함이 없으면 이미 지친 삶이다. 생각의 무기력은 삶에서 그대로 나타난다. 'Work Hard'보다 'Think Hard'가 중요하다. 삶의 업그레이드는 생각의 업그레이드다. 생각에 날개를 달아 주면 그것이 바로 꿈이 된다. 독서가 좋은 것은 무덤덤한 나의 생각에 누군가 돌을 던져 정신이 들게 하기 때문이다. 한 번씩 생각을 휘저어 요동치게 해야 한다. 가을에 숙성된 생각을 많이 축적할수록 삶은 유리해진다. 한 해의 진짜 준비는 가을에 일어난다.

　모든 것을 가능하게 하는 정신적 힘을 얻는 것은 가을의 미션이다. 국화 향에 취해 생각의 세계에 불을 지펴 볼 만하다. 서정주의 시에서처럼 봄부터 한 송이의 국화꽃을 그토록 홑겹게 피워야 했던 이유는 분명하다. 국화 향은 마음을 차분하게 하고 성찰을 일으키게 하는 묘한 힘이 있다. 생각의 근력을 키우고 냉동된 생각에 온기를 불어넣어 장마에 불어난 강물처럼 세차게 흐르게 해야 한다. 생각에 생각의 꼬리를 물고 이곳저곳을 건드리며 이어져 거대한 강을 이루어야 한다. 생각의 강에서 생명의 활기를 건져 올려야 한다. 무미건조한 삶에 제동을 걸어야 한다.

내 영혼이 깨어나는 순간

가을은 차분하지만 썰렁한 계절은 아니다. 철학적이면서 예술적이다. 어느 때보다 감성이 깨어나는 시기다. 들판의 억새풀이 바람에 스치는 소리, 홍조를 띠고 매달려 있는 나뭇잎은 깊은 곳을 터치한다. 오래된 시집을 뒤적거리고, 커피 향에 예민해지고, 낯선 음악에 귀를 기울이고, 화가들의 그림에 저절로 눈이 가는 것은 감성이 춤을 추는 때여서이다. 가을은 잃어버린 것을 되찾고 싶은 애절함이 있다. 가을은 삶의 흐트러진 것을 복원하는 계절이다. 과거의 아픈 상처도 아름다운 추억으로 재생하는 힘이 가을에 있다. 열심히 사는 것만이 전부가 아니다. 영혼이 없는 삶, 따뜻한 가슴이 없는 전문인, 생각이 사라진 행위는 불쌍한 노동에 불과하다. 가을을 가을답게 보내지 않으면 삶의 아름다움은 어디에서도 찾을 수 없다. 삶을 하나의 시로 복원해야 한다. 숨은 잠재력이 폭풍처럼 살아나게 해야 한다. 감성이 살면 창의력은 날개를 달게 된다. 가슴이 쿵쾅거리며 뛰면 무기력으로 날을 지새울 리가 없다.

삶은 매일 혁명이 되어야 한다. 생각이 깊어지면 삶의 색채는 더 깊은 아름다움으로 탈바꿈된다. 가을은 변화를 꿈꾸는 계절이다. 국화 향에 젖어 생각이 깊어져 가면 가슴에 불이 붙어 다른 사람으로 변신하게 된다. 가을에는 조금은 외로워야 한다. 일시적 침묵 모드를 선택할 필요가 있다. 생각의 나무를 키워야 한다. 국화보다 더 짙은 향을 만들어 낼 때까지 시간을 익혀야 한다. 삶을 너무 가볍고 천박하게 만들지 않으려면, 무심코 지나쳐 버렸던 사소한 일상들마저 묵상의 소재가 되게 해야 한다. 평범함이 비범함으로 바뀌는 것을 보는 순간, 잠자고 있던 내 영혼이 깨어나 특별한 인생이 된다.

5부

아름답지
않은 꽃은 없다

30
사랑한다는 것은…

사랑은, 숨길 수 없다

사는 동안 무수히 많은 만남이 있다. 스쳐 지나가는 만남이 있는가 하면, 함께 밥을 먹을 정도로 친밀한 만남도 있다. 밥을 같이 먹는다는 것은 단순한 일이 아니다. 마주 보며 밥을 함께 먹는다는 것은 생명을 나누는 일이다. 만난 지 꽤 오래됐지만 아직 밥을 먹는 단계토까지 나아가지 않았다면 깊은 만남이라고 할 수 없다. 밥을 함께 먹는 동안 삶의 진솔함이 오고 간다. 눈과 눈이 마주치고 마음과 마음이 이어진다. 이래서 '밥 정'이라는 것이 무섭다.

　누군가 함께 밥을 먹자고 나에게 제안한다면 호감을 가지고 있다는 뜻이다. 밥을 함께 먹자는 것은 그냥 밥을 먹자는 것이 아니라, 당신이 마음에 든다는 뜻이다. 마음에 들지 않는 사람과 식탁에 같이 앉는다는 것은 진땀 나게 하는 고역이다. 중국인들이 자기 집으로 초대해서 같이 저녁을 먹자고 제의하는 것은 '당신을 가족처럼 여긴다'는 뜻이라고 한다.

　밥을 같이 먹자는 것은 사랑한다는 표현이다. 먹는 일을 통해 사랑을 확인하게 된다. 맛있는 것을 먹을 때 떠오르는 사람이 있다면 그 사람을 사랑하고 있다는 증거다. 먹기 전부터 목이 메인다면 사랑의 열병에 걸렸다는 뜻이고, 한참 먹고 난 다음에야 겨우 생각이 난다면 의무적인 관계이거나 볼품없이 앙상한 사랑이다. 맛있는 케이크를 나누어 먹으려고 할 때 큰 쪽을 상대에게 기꺼이 내어 준다면 그것도 사랑이다. 인간의 이기심은 케이크를 반쪽 나눌 때도 여실히 드러나게 되어 있다. 사랑은 맛있는 반찬을 상대에게 슬쩍 밀어 넣는 아주 작은 몸짓에서도 표현된다.

　사랑은 거짓말을 못한다. 사랑은 숨길 수 없다. 사랑은 숨을 들이쉬고 내쉬듯 우리 곁에서 수시로 다양한 모습을 드러낸다. 목적지가 지났는데도 좀 더 같이 걷자고 한다면, 다리에 힘이 남았다는 것이 아니라 사랑한다는 뜻이다. 같이 걷는 것은 근육의 힘이 아니라 사랑의 힘이다. 대화를 할 때 자신의 이야기만 늘어

놓는 것은 상대에게 별 관심이 없다는 뜻이다. 상대에 대해서 궁금한 것이 많으면 그건 사랑이다. 사랑은 궁금증 환자가 되게 한다. 무엇을 좋아하고 무엇을 싫어하는지, 어떤 음식이나 색깔을 좋아하는지, 궁금한 것이 많을수록 사랑이 깊은 것이다.

누군가 나에게 비밀을 털어놓는다면 사랑한다는 뜻이다. 묻지도 않은 자신의 이야기보따리를 풀어 놓는다면 나에게 의지하고 싶다는 뜻이다. 자기의 속을 풀어헤치는 일에는 큰 용기가 필요하다. 말하고 싶은 것은 넘치고 있지만 들어 줄 대상을 만나지 못해 병든 사람이 한둘이 아니다.

누군가 내가 꼭 갖고 싶은 것을 사 주었다면 그건 사랑이다. 사랑은 저절로 독심술의 경지에 이르게 한다. 자꾸 상대가 한 말이 신경 쓰인다면 사랑하고 있다는 증거다. 아침에 출근하는 남편에게 딸기가 먹고 싶다고 스쳐 지나가듯 한마디 했는데, 남편이 저녁에 들고 들어온다면 그것은 딸기가 아니라 사랑 덩어리다. 그러나 무엇인가 사 들고 들어왔는데 남편이 좋아하는 군고구마라면 이는 과하게 표현해 같이 살고 싶지 않다는 뜻이다. 사랑은 언어보다 비언어에 더 민감해진다. 귀에 들리는 말이 아니라 말의 행간에 들어 있는 숨은 의미와 꼭꼭 묻어 둔 감정을 알아차리는 것이 사랑이다.

외로움을 채워 줄 단 한 사람

살다 보면 가슴에 외로움이 엄습해 오는 날이 있다. 그때 생각나는 사람이 사랑하는 사람이다. 만나면 외로움이 싹 가실 것 같은 누군가가 있는 사람은 행복하다. 당장 만날 수 없다 해도 그런 사람이 어디엔가 있다는 것 자체가 행복한 일이다. 그러나 대부분 그런 사람이 없다. 외로움은 아무나 달래 줄 수 있는 것이 아니다. 대개는 일평생 단 한 사람뿐이다. 그런데 그 단 한 명이 없는 사람이 의외로 많다. 이것이 삶이 칙칙하고 힘든 이유다.

살면서 닮고 싶은 사람이 있다면 행복한 사람이다. 사랑하면 자신도 모르게 닮아 간다. 사랑하는 사람들은 어느 순간 너무도 닮아 있다는 것에 서로 놀란다. 웃는 모습도, 걷는 모습도, 옷 입는 스타일도, 심지어 생각까지도 닮아 있다면 그건 사랑이다.

31
보이는 나,
숨은 나

인간의 이중성

한 사람에겐 두 모습이 존재한다. 두 모습 이상이 존재할 수도 있다. 사람들 앞에서의 행동과 집에서의 행동이 전혀 다를 수 있다. 로버트 루이스 스티븐슨(Robert Louis Stevenson)의 『지킬 박사와 하이드』(문예출판사) 이야기는 어디에나 있다. 더러는 천의 얼굴을 가진 사람이 있다. 논두렁에 다리 하나를 감추고 철학자처럼 고고하게 서 있는 학의 머릿속은 사실 논두렁 속 고둥으로 가득 차 있다. 무대 위에서의 모습과 커튼 뒤의 모습이 다르듯, 인간은 이중적이다. 치료를 받아야 할 정도로 심한 경우가 있긴 하지만 대개 사람들은 겉모습과 숨겨진 모습이 다르다. 사람들에게 보여 주고 싶은 것과 숨기고 싶은 것이 따로 있다. 멋진 사람으로 인정받고 싶은 욕망과 보이고 싶지 않은 거칠고 문제 많은 모습 사이에서 갈등한다. 드러난 나와 숨어 있는 나의 관계 안에서 인간은 늘 갈등한다.

세상에서 가장 불편한 만남은 자기 자신과의 만남이다. 한 사람이면서 두 사람으로 살아야 하는 이중성에서 오는 고민은 누구에게나 있다. 두 사람 사이의 간극이 클수록 갈등은 깊다. 사람들은 그 간극을 좁혀 보려고 애를 쓴다. 사람들의 눈에 드러난 나와 은밀하게 숨어 있는 나 사이에 화해가 일어나야 한다.

간혹 두 사람 사이의 갈등을 느끼지 않는 사람들이 있다. 정확히 이야기하면 갈등을 포기해 버린 사람들이다. 자기 자신을 속이면 얼마든지 그런 일이 일어날 수 있다. 자신을 속인 사람은 갈등을 내팽개치거나 덮어 버린다. 이 정도까지 가면 위험하다. 큰일을 하고 있는 사람과 큰 사람은 다르다. 멋있는 일을 하고 있는 사람과 진짜 멋있는 사람은 다를 수 있다. 착각에 빠지기가 쉽다. 자기 자신에게 속으면 큰일 난다. 소크라테스(Socrates)가 던졌던 "너 자신을 알라"는 말은 중요한 명제다.

  사람들에게 많이 노출된 사람일수록 위험은 더 커진다. 많은 경우 자신의 실제 모습보다 과장된 경우가 많다. 내면보다 외형에 신경을 더 쓰게 되면 그때부터 허영의 꽃이 피어난다. 내면세계가 허약할수록 드러난 부분을 과대 포장하려고 노력한다. 자신의 실제 모습보다 주변의 평가에 더 예민해지면 거짓과 위선의 길로 가기 쉽다. 자아의 중심이 바로잡혀 있지 않을수록 예민해진다. 진정한 자기 자신을 잃어버리면 자아를 상실한다. 진정한 자기다움이 사라진다. 그 다음부터는 남들에 의해 만들어진 나에 맞추어 열심히 춤추어야 한다.

  남에게 보이는 나는 진정한 나가 아니다. 사람들이 평가해 주는 나, 혹은 사회적 지위나 직책이 진정한 나라고 하는 착각에서 빨리 빠져나와야 한다. 사람들의 눈과 평가에 민감해진 삶은 피곤하다. 사람들이 불행한 삶을 사는 이유가 바로 여기에 있다. 사람들로부터 인정을 받고 싶어 하는 내면의 세계는 늘 불안하고 흔들리는 갈대 같다. 사람들의 평가에 따라 정체성이 오르락내리락한다면 이미 강박 증세에 빠져 있을 가능성이 높다. 더 좋은 평가를 받기 위해 자신을 못살게 구는, 성취할 수도 없고 성취한다 해도 불행한 인생을 멈춰야 한다.

나의 진짜 모습과 대면하는 훈련

삶의 구조를 바꾸려는 시도가 필요하다. 드러난 나를 향해 에너지를 쏟는 구조에서 숨은 나를 정성스레 가꾸는 구조로 전환해야 한다. 드러난 나와 실제의 나를 하나로 만들어야 한다. 겉모습보다 내면을 가꾸는 시간의 양을 늘려야 한다. 무엇보다 자기 성찰을 위한 성소를 찾아야 한다. 하루에 한 번, 거울을 보듯이 진실한 내면을 직시하고 자기 내면에게 대화를 걸어야 한다. 처음에는 거부하고 싶지만, 자기 내면을 돌보아 주는 것은 나 외에 누구도 대신할 수 없다.

허영의 외투를 벗고 진실의 옷을 입는 훈련을 해야 한다. 자신의 있는 모습 그대로를 받아들이는 용기가 필요하다. 나를 둘러싼 거품을 부지런히 걷어 내야 한다. 실제의 나보다 더 나은 평가를 기대한다면 그것은 사기 근성이다. 숨어 있는 자기 자신의 모습을 부정하지 않고, 연약하기 그지없는 나를 사랑해 줄 수 있다면 자신을 드러내는 일을 주저할 이유가 없다.

　대화해 보면 자신을 숨기지 않고 기꺼이 드러내 보여 주는 진솔한 사람이 있다. 위선의 껍질을 늘 벗겨 내는 소리가 들리는 사람이 매력적이다. 자신의 속을 노출하는 일에 겁이 없는 사람에게서 친근미를 발견한다. 허영의 줄다리기보다 진실 게임을 할수록 삶이 더 단순해지고 즐거워지는 것은 그것이 본래의 자기를 찾아가는 여행이기 때문 아닐까?

32
모든 아름다운 것에는 시작이 있다

시작은 누구에게나 두렵다

시작이 반이라는 말에는 무엇이든 시작이 어렵다는 의미가 들어 있다. 강둑에 매여 있던 배의 밧줄을 푸는 것만으로 강의 절반은 건넌 것과 같다. 시작했다는 것 자체가 절반의 성공이다. 아무리 위대한 일을 꿈꾼다 해도 시작하지 않는다면 아무것도 아니다. 물론 시작한다고 해서 모두 성공한다는 보장은 없다. 그러나 확실한 것은 성공이란 시작한 사람에게만 허락된다는 점이다. 시작이 없는 사람에게는 어떤 일도 일어나지 않는다. 사람을 분류해 보면 시작한 사람과 시작하지 않은 사람이 있다.

    위대한 일이라도 작은 시작에서 출발한다. 시작한 것과 시작하지 않은 것 사이에는 엄청난 차이가 있다. 그래서 시작은 언제나 모험이다. 위대한 삶을 살았던 이들은 첫걸음을 떼는 모험을 주저하지 않았다. 새로운 일을 시작한다는 것은 힘들고 두려운 일이다. 가 보지 않은 길은 불확실하다. 불확실함이 큰 만큼, 두려움의 강도는 높아진다. 시작의 적은 두려움이다.

　새로운 일을 시작하려면 현실에 안주하고자 하는 마음을 매몰차게 걷어차야 한다. 사람은 익숙한 것에 머물러 있는 것을 아주 좋아한다. 시작점에서 벌어지는 전투는 익숙함과의 싸움이다. 익숙함이란 의외로 강력하게 얽어매는 힘이 있다. 사람들은 익숙한 것에 애착이 강하다. 현재가 좋을수록 견고한 밧줄이 사람들의 영혼을 칭칭 감고 있다.

　무엇인가 다른 인생을 산 사람들은 새로운 일에 도전한 사람들이다. 새로움에는 기대감과 함께 두려움이 따른다. 새로 발견한 버섯에 독이 있는지를 알기 위해 먼저 시식해 보는 것과 같다. 거대한 신대륙을 발견했던 콜럼버스(Christopher Columbus)에게 처음 시작은 틀림없이 두려운 출발이었을 것이다. 새로운 시작에는 언제나 사람들의 오해와 비난이 따를 수밖에 없다. 그래서 시작 지점은 외롭다. 그 일은 아무도 대신해 줄 수 없다.

떨리지만, 아름다운 시작

새로운 시작이 하나둘 모여 인생을 만든다. 새로운 시작을 시도하지 않으면 시간은 멈추어 있다고 해도 과언이 아니다. 시작에는 두려움도 있지만 짜릿함과 흥미를 돋우는 설레임도 있다. 시작은 미래에 대한 기대감을 가진 사람의 몫이다. 시작한다는 것은 열정이고 희망이다. 시작은 꿈을 향한 여행이다. 돌아보면, 이제까지 내 인생을 아름답게 수놓은 것들은 용기를 가지고 새롭게 시작한 때에 일어난 것이다.

시작하는 것이 곧 믿음이다. 내일에 대한 믿음이 없다면 한 걸음도 옮길 수 없다. 내가 시작하기 전에는 그 일의 끝을 알 수 없다. 길은 시작한 사람에게만 열린다. 시작한 것만 나의 삶으로 고스란히 남게 된다. 남다른 인생을 사는 사람들은 늘 또 다른 시작을 꿈꾼다. 어느 시점에서 만족하여 멈춰 있지 않는다. 멈춤은 퇴보다. 안주를 거부한 또 다른 시작이 삶의 진보를 일으킨다. 남이 그려 준 지도를 가지고 분석하느라 세월을 보내지 않고, 흰 종이 위에 새로운 지도를 그리기 위해 낯선 길을 떠나는 사람이 있다.

새로운 시작을 시도하지 않으면 그 순간부터 심장 박동은 급격하게 느려진다. 눈동자는 초점을 잃고, 흥미를 잃은 삶은 미궁에 빠지고 만다. 현재의 삶을 잃어버릴 것에 대한 두려움에 사로잡혀 있는 동안 삶은 꽁꽁 얼어붙는다. 제대로 살아 보지도 못하고 죽는 길을 선택하는 사람들이 많다. 시작하는 것을 배우지 못한 사람들이다.

죽을 때까지, 새로운 시작은 계속되어야 한다. 아무도 가 보지 않은 길을 향해 나서야 한다. 낯선 길을 향해 발을 내딛는 것이다. 사람들이 가 보지 않은 길을 선택하는 것이다. 멈춰 서 있는 것은 낭비다. 익숙함에 취해 사는 것은 시간을 죽이는 것이다. 시작이 있는 인생은 시들지 않는 청춘이다. 시작은 어렵지만 시작한 사람만이 경험하는 새로운 세계가 있다. 시작하고 나면 그때부터 펼쳐지는 광활한 세계가 있다.

시작해 보라. 시작 안에는 또 다른 시작을 가능하게 하는 씨눈이

들어 있다. 목적지는 알 수 없지만 아무튼 시작은 해야 한다. 얼마나 잘할 것인지가 아니라, 시작했는지가 중요하다. 대부분의 후회는 시작한 것이 아니라, 시작하지 않은 것에 대한 후회다. 서툰 시작이라도 아름다운 완성은 그 위에 세워진다. 그 완성을 꿈꾸는 사람은 행복하다. 세상의 모든 아름다운 것에는 시작이 있다. 시작, 그것은 떨림이고, 우리를 흥분하게 하는 일이다.

33
아름답지 않은 꽃은 없다

그 자체로 아름다운 꽃

사람마다 좋아하는 꽃이 있겠지만 사실 모든 꽃은 아름답다. 허리가 휜 할미꽃에서도, 투박한 호박 곁에서 피어난 노란 호박꽃에서도 묘한 매력을 느낀다. 메마른 사막의 선인장 가시 잎 사이에 핀 작은 꽃들도 역시 매혹적이다. 꽃은 사계절이다. 겨울의 정적을 깨고 나온 매화, 여름날의 이름 모를 들꽃, 높아진 가을 하늘과 겨루듯 고개를

든 들녘의 코스모스, 겨울날 찬바람에도 겹겹이 포갠 동백꽃, 어느 것 하나 눈부시지 않은 것이 없다. 모두 예사롭지 않은 자태를 두루 갖추고 있다.

꽃은 크고 작음이 없다. 길가에 핀 아주 작은 꽃이라도 위엄 있는 자기만의 기운을 뿜어낸다. 그야말로 감히 넘볼 수 없는 미의 기품이다. 한 송이 들꽃에도 우주의 오묘함이 깃들어 있다. 철마다 피는 꽃들은 계절의 여왕이다. 왕관이 없는 꽃은 하나도 없다. 세상의 모든 꽃들은 사람들의 시선을 붙잡고, 마음을 뒤흔드는 힘을 가지고 있다.

꽃이 핀 변두리는 없다. 피어오른 그곳이 무대다. 아름답게 가꾸어진 정원이든, 소달구지가 지나간 들판이든 바로 그곳이 아름다움을 뽐내는 중앙 무대다. 햇빛과 달빛은 그 무대를 밝히는 조명이다. 그 눈부신 조명을 받지 않고 태어난 꽃은 없다. 쓰다듬듯 꽃잎을 스치는 바람이나 춤추듯 날아드는 꿀벌들은 꽃향기에 취해 환호하는 관중이다. 간간이 떨어지는 빗방울은 꽃들의 얼굴을 더욱 피어나게 하는 분장사다.

꽃은 그 자체가 전성기다. 우울한 꽃은 없다. 얼굴을 찌푸린 꽃은 본 적이 없다. 꽃은 연미복을 입고 파티에 참여한 주연과 같은 미소를 띠고 있다. 아무리 구석진 곳에서 비를 맞으며 핀 꽃이라도 감출 수 없는 기품의 화사함이 있다. 망울을 터뜨리며 피어날 때는 열정이 느껴진다. 만개한 꽃은 아름다움의 절정이다. 기지개를 펴고 하늘을 향해 있는 꽃잎은 불꽃이다. 무엇이든 절정에 이른 모습을 보는 기쁨은 크다. 온몸이 부풀어 터질 것 같은 충만한 꽃잎들에서 풍겨 나는 생명의 기운은 바라보는 이에게 더할 수 없는 생기를 공급한다. 여한이 없이 피어난 꽃에서 기쁨의 망울이 터진다. 전성기를 보여 준다는 것만으로도 꽃들은 찬사와 박수를 받을 만하다. 그래서 꽃은 다른 꽃에게 비교당하지 않는다. 장미와 백합을 비교하는 것은 의미가 없다. 어느 꽃이든 그 꽃 자체로 충분히 아름답다. 다른 무엇으로 덧칠할 것이 하나도 없다.

꽃은 완벽 그 자체다. 그러나 인간이 만든 것에 완벽이란 없다. 위대한 작가들의 작품도 모두 미완성이다. 모차르트(Wolfgang Amadeus Mozart)나 레오나르도 다빈치(Leonardo Da Vinci)의 작품도 결국 미완성이다. 그러나 세상에 핀 모든 꽃들은 완성작이다. 덧붙일 것이 하나도 없다. 만약 인간이 무엇인가 아름다움을 더해 보려고 한다면 오히려 파괴 행위가 될 것이다. 돌 틈 사이에 뿌리내린 민들레꽃도 그 자체로 완벽하다.

꽃들은 따돌림을 당해 본 일이 없다. 열등감을 느낀 적도 없다. 열등감이 있었다면 씨앗을 스스로 깨고 딱딱한 땅을 힘껍게 들이밀고 나오지 못했을 것이다. 꽃들은 누군가 나를 충분히 봐 주지 않아도 서러워하지 않는다. 오랫동안 바라봐 준다 해도 우쭐거림이 없다. 꽃은 언제나 당당하고 밝은 얼굴로 하늘을 향해 가슴을 열어 놓고 있다. 때로는 상처 입은 꽃도 아름답다. 싸늘한 발칸 반도의 깊은 밤에 장미꽃을 거두는 것은 그때가 가장 짙은 향기를 내기 때문이라고 한다. 싸늘한 밤의 상처에서 나는 향은 다르다. 상처마저 개혹적인 향이 된다.

꽃보다 아름다운 사람

사람을 자세히 보면 꽃과 같다. 아니, 누군가의 노래처럼 사람은 꽃보다 아름답다. 창조의 절정은 꽃이 아니라 사람이다. 사람 역시 꽃처럼 다양하다. 노래를 잘 부르는 사람, 그림을 잘 그리는 사람, 시를 잘 짓는 사람, 재미있는 이야기로 웃음을 주는 사람, 곁에 있기만 해도 평안의 기운을 돋우는 사람, 사랑을 베풀고도 더 못 주어 미안해하는 사람, 값비싼 명품 하나 걸치지 않았는데도 멋을 풍기는 사람이 있다. 그런 사람은 꽃보다 아름답다. 그 사람에게서는 향기가 난다. 아카시아 향기에 취하듯 사람 향에 취해 행복해질 때가 있다. 그 향은 꽃보다 훨씬 진하다. 백화점 진열대에 있는 고급 향수도 그 앞에서는 무색해진다.

하나님의 형상대로 지음 받은 본래 모습으로의 회복, 세상에 그것처럼 아름다운 풍경은 없을 것이다. 아름다운 사람이 많아질수록 세상은 더 화사하고 너른 정원이 될 것이다. 그들이 뿜어내는 향기에 취해 세상은 날마다 나비춤의 축제가 될 것이다.

34
그 정도면 괜찮아!

지금으로는 충분하지 않다는 속삭임

길을 가다 넘어진 아이가 아파 죽겠다고 소리를 지르지만 부모는 "안 죽어, 괜찮아!" 하고 일으켜 준다. 정말 괜찮다. 아이가 시험에 떨어졌다고 속상해한다. 큰일 난 줄 알지만 지나고 나면 그것도 별일 아니다. 성적 비관으로 우울증에 시달리거나 자살하는 학생들에 대한 기사를 보면 안타깝기 그지없다. 공부가 전부인 것처럼 분위기를 조장한 사회의 책임이 크다. "공부를 좀 못해도 괜찮아!" 하고 용기를 불어넣어 주는 부모가 곁에 있으면 그것은 진짜 별일 아니다. 공부를 못하는 아이는 공부만 못할 뿐이다. 창의력이 중요한 시대다. 잘 노는 아이가 사회성이 높고 창의력이 탁월할 수 있다.

　요즘은 외모를 지나치게 중시한다. 누가 봐도 그 정도면 괜찮은 인물인데 정작 본인은 불만에 차서 못 고쳐 안달이다. 그런대로 충분히 갖추고 살고 있는데도 TV 광고를 보다 보면 갑자기 불행해진다.

더 좋은 것을 가져야 하고, 더 새로운 것을 가져야 한다는, 그렇지 않으면 불행할 것이라는 압력으로 인해 강박 증세에 시달린다. 가히 폭력적이다.

  사람들은 의외로 쉽게 마법에 걸려든다. 일종의 집단최면 현상이다. TV에서 홈 쇼핑을 보는 것은 자유다. 그러나 그 자유는 오래가지 않는다. 신들린 듯 구매를 촉구하는 속삭임에 정신을 잃고 만다. 구입하지 않고는 배길 재간이 없다. 무서운 압력이다. 불행하고 싶지 않은 것이다. 새로운 아이템을 보는 순간 내가 가진 것은 아득한 역사의 퇴물처럼 보인다. 사람들은 "너의 지금으로는 충분하지 않아!"라는 주문을 외우고 있다.

  이런 증상은 한국 엄마들의 유별난 자녀 사랑에도 나타난다. 내가 죽는 한이 있어도 자녀를 위해서라면 모든 것을 희생할 각오가 되어 있다. "나는 불행해도 좋으니 너는 행복해야 해." 자녀들 편에서는 전혀 자신을 알아주지 않는 외로운 독백이다. 자녀를 위해서라면 모든 것을 해 주고 싶어 한다. 엄밀히 따지면 자녀를 위해서가 아니라 자신의 만족 때문이다. 무엇을 해 주지 못해 불행한 것이 아니라, 너무 많이 해 줘서 불행한 것을 모른다.

지금 이대로도 좋아할 수 있는 여유

심각한 것은 모든 일에 기준이 없다는 것이다. 잘 지내다가 나보다 나은 사람을 보는 순간 모든 기준이 흔들린다. 만연한 비교 문화의 희생양이 된다. "이 정도로는 안 돼!" 갑자기 마음에 불안이 밀려온다. 마음이 급해지면서 새로운 목표에 도달하기 위해 안달한다. 그때 모두 투사가 된다. 다른 사람의 말이 귀에 들어오지 않는다. 더 가져야 행복이 찾아올 것이라는 신흥 종교에 빠진 광신도가 되는 것이다. 그런데 순전히 거짓말이다. 그럴 리가 없다. 무엇인가에 안달하다가 어렵게 손에 쥐고 나면 별것 아닌 것들이 한둘이 아니다. 쟁취하고 난 이후에 씁쓸함이 찾아온다. 뒤늦게야 속았다는 느낌이 든다.

이제는 자신을 닦달하는 것을 멈추어야 한다. 자신의 상태 그대로를 받아들여야 한다. 거울을 보면서 "이 정도면 괜찮아!"라고 외쳐 보라. 두 팔 벌려 현재의 자신을 따뜻하게 포옹해 주라. 자기 자신에게 관대할 필요가 있다. 비교에 짓눌려 자신의 부족을 더 채워야 한다며 숨 가쁘게 몰아붙이지 않아야 한다. 어설픈 잣대로 자신을 판단하며 죄책감에 빠질 이유가 없다. 많은 사람들이 자기 학대를 하며 살아간다. 자기에게 관대해야 다른 사람에게도 관대할 수 있다.

자녀들에게 "넌 지금 이대로가 좋아!"라고, 배우자에게 "당신 지금 그 정도면 충분해!"라고 해 보라. 몸이 불어난 남편 혹은 아내에게 그것은 뱃살이 아니라 나이에 걸맞은 품격이라고 확신에 찬 듯

말해 주라. 늘씬한 영화배우들과 비교하며 살다가는 요절할지도 모른다. 비교로 인해 과열된 경쟁은 피곤하기 그지없고 불안이 떠나지 않는다.

　많은 사람들이 열심히 달리는 것은 배웠는데, 어디에서 멈추어야 할지는 배운 적이 없다. 쌓아 올리는 것은 아는데, 만족하는 삶에 대한 배움이 심각하게 결여되어 있다. 여유를 가져야 한다. 조금 못생겼어도, 조금 덜 가졌어도, 조금 실패했어도 괜찮다. 큰일 난 것 같아 보여도 조금만 지나고 보면 별일 아니다. "그래, 넌 괜찮아!"라는 내적인 만족에서 찾아오는 여유로움이 있다. 그것은 자신감이고, 그런 자신감은 활기찬 삶의 동력이 된다. 별것 아닌 일에 주눅 들 이유가 없다. 별것 아닌 일로 쉽게 마음이 상하고 불행해진다면, 그것은 병이다. 당당한 그대가 아름답다. 먼저 나를 향해 "넌 괜찮아! 그 정도면 충분해!"라고 크게 외쳐 보라. 다른 사람의 평가에 휘둘리지 말고 당당하게 가는 길을 계속 걸어가라.

35

작고 평범한
그러나 아주 위대한

평범함의 가치

사람들은 대부분 특별한 일을 하고 싶어 한다. 특별한 일은 왠지 좋아 보인다. 특별한 것은 눈에 띄고 빛이 난다. 자신이 특별한 일을 하고 있다고 생각하는 사람들은 신이 나고 자신도 모르게 어깨가 들썩거린다. 대신에 내가 하고 있는 일이 평범한 일이라고 여기는 사람들은 자신의 일에 대한 긍지를 느끼지 못하고, 대충 하려고 한다. 내가 하고 있는 일이 별것 아니라는 생각이 들면 신명이 날 리가 없다. 많은 사람들이 가능한 한 높은 곳으로 올라가려고 하는 이유도 특별한 일이 위대하다는 논리를 가지고 있기 때문이다.

그러나 자세히 보면 역사는 평범한 이들에 의해 돌아갔다. 아주 작고 하찮아 보이는 일들이 사실은 세상을 돌아가게 만드는 힘이다. 미국 LA는 히스패닉계의 사람들이 없으면 돌아가지 않는다고 한다. 그들이 하는 일은 허드렛일처럼 보이는 일들이라 사람들의 주목을 받지 못하지만, 만약 그들이 하루라도 손을 놓으면 도시는 대혼란에 빠지게 된다. 사실 그 일들은 작고 하찮은 것이 아니다. 우주선의 경우 작은 나사 하나에만 결함이 생겨도 모든 것은 무(無)로 돌아가고 만다. 사람들은 고층 건물의 위용만 보고 벽돌 한 장의 귀중함을 놓칠 때가 종종 있다. 장미 꽃다발에는 역시 안개꽃이다. 안개꽃이 받쳐 주지 않으면 장미의 아름다움만으로는 아쉬움이 있다. 안개꽃과 장미는 조화를 이룬다. 서로를 존중해 주며 각자의 아름다움을 드러낼 대 완벽해진다. 주연만 있는 드라마에서 주연은 주연이 될 수 없다. 조연이 역할을 충실히 했을 때 극 중에서 주연이 태어나게 된다.

한 시대를 풍미했던 부흥사 무디(D. L. Moody)에 대해서 많은 사람이 알지만, 그에게 복음을 전해 주었던 주일학교 선생님의 이름은 잘 모른다. 그러나 그에게 복음을 전해 준 사람이 없었다면 우리가 아는 무디는 존재할 수 없었다. 사람들은 헬렌 켈러(Helen Keller)는 잘 알지만, 그의 존재를 가능하게 했던 설리번(Anne Sullivan) 선생님에 대해서는 주목하려고 하지 않는다. 여기에서 누가 크고 위대한가를 따지는 것은 본질을 놓치는 일이다.

작은 것에 감춰진 위대함

'크고 특별하다'는 정의는 모든 것을 값으로 매기려고 하는 비교

평가의 문화에서 만들어진 상업적 접근이다. 디지털 시대가 되면서 세상이 변했다. 크면 좋다는 아날로그적 사고방식에 문제가 생겼다. 컴퓨터만 해도 그렇다. 하드웨어보다 소프트웨어가 훨씬 더 중요하다. 빌 게이츠가 세계 최고의 부자 자리를 오랫동안 유지한 것을 통해 소프트웨어의 위력은 이미 충분히 입증되었다. 지금 첨단 산업의 세계에서는 미세한 마이크로 칩 개발 전쟁이 첨예하게 벌어지고 있다. 아주 작고 잘 보이지 않는 것이 더 위력을 발휘하는 세상이 된 것이다. 소프트웨어가 없는 하드웨어는 아무짝에도 쓸모없는 고철에 불과하다. 아날로그 시대에서는 크면 무조건 좋아했다. 그러나 지금은 소형화되고 기능성은 높아지는 쪽으로 흐르고 있다. 조직도 마찬가지다. 아무리 돈을 쌓아 놓고 큰 건물을 가지고 있어도 그것은 하드웨어일 뿐이다. 그것을 움직일 수 있는 사람이 모든 것의 핵심이다. 건물을 자랑하고 사람을 무시하면 핵심을 놓치는 것이다.

어쩌면 눈에 보이는 큰 것은 허상이다. 크고 특별해 보이는 것들은 빛 좋은 개살구가 될 수 있다. 크고 위대한 일만을 성공으로 여기는 정의는 이제 설득력을 잃고 있다. 옛날에는 "커서 뭐 될래?"라고 물으면 대통령이 꿈이라는 아이들이 많았다. 그러나 이제는 욕 많이 먹고 고생하는 일을 무엇 때문에 하느냐고 되묻는다. 세속적 의미에서 말하는 높은 자리는 그저 높은 자리일 뿐, 그것이 나의 삶을 특별하게 하는 결정적 요소가 될 수는 없다. 내가 가진 재능을 갈고닦아 내가 할 수 있는 최선의 일을 하고 있다면 그것으로 족하다. 누구와의 비교에 의해서가 아니라 내가 좋아하는 일을 통해 보람을 느끼고 세상에 유익을 끼친다면 그 일이 나에게는 최고가 된다. 지금 하는 일이 어떤 것이든 내가 소중히 여기고 최선을 다한다면 그것이 위대한 일이 될 수 있다. 목회를 평가할 때도 작은 교회냐 큰 교회냐 하는 산술적 평가보다 하나님이 부르신 자리에서 내가 헌신하고 있다면 그것이 특별하고 위대한 일이 된다.

성경은 100마리 중 잃어버린 한 마리를 특별하게 다룬다. 100이라는 수치에서 하나가 아닌, 전부 이상의 의미를 가진 존재로 여기고 찾아 나선 목자의 마음에서 작은 것에 감춰진 위대함을 보는 눈이 열린다. 위대하고 특별한 일이나 위치는 따로 없다. 구원받은 내가 특별하고, 하나님의 부르심에 순종하고 있는 그 일이 위대할 뿐이다.

36

늘
처음처럼

삶의 권태기

처음은, 그것이 무엇이든 흥분된다. 처음은 떨림이다. 환희다. 첫 사랑은 황홀하다. 꽃망울이 처음 터뜨려지는 모습을 보면 감탄이 터진다. 새가 처음 하늘을 날 때 그것은 환희다. 첫 출근을 하는 젊은이의 발걸음은 다르다. 자신의 집을 짓고자 첫 삽을 뜰 때도 떨림이 있다. 설레임을 가지고 출발할 때는 누구나 기대감과 의욕으로 충만하다. 마라톤의 스타트 라인에서 신호음을 기다리는 선수들의 온몸에 생명의 충만함이 느껴진다. 처음 시작점에서는 누구나 좋은 느낌을 가진다. 결단과 의지가 하늘을 찌른다. 첫 출발은 새벽에 맺혀 있는 이슬과 같은 신선함이 있다. 누구나 시작은 아름답다. 숭고한 뜻을 품지 않은 출발은 없다.

　문제는 처음 마음을 유지하는 것이 어렵다는 것이다. 무엇이든 시간이 흐르면 식상해진다. 아무리 신 나게 하던 일도 지루함이라는 복

병이 다가온다. 어린 꼬마들은 기막힌 장난감을 가지고 놀다가도 조금만 지나면 눈길조차 주지 않는다. 어른들도 마찬가지다. 설렘으로 시작했던 직장 생활이 어느 순간 시큰둥해지고 그만두고 싶어진다 처음의 순수함과 열정은 온데간데없고 몸만 왔다 갔다 하게 된다. 주어진 현실이 싫어진 것이다. 하는 일이 지루해지면 빨리 지친다. 지루함이 몰려오면 집중력이 떨어지고 창의력은 멀리 도망간다. 대책 없이 무작정 벗어나고 싶어진다.

　삶의 지루함에 지쳐 만성적 권태가 찾아오면 위험하다. 우울함이 찾아오고 심해지면 폐소공포증으로 고통 당하기도 한다. 처음에 가졌던 설레임과 흥분이 사라지면 삶은 떠밀려 가게 된다. 한번 제대로 살아 보기도 전에 이미 지쳐 버린 인생이 된다. 식상해진 인생은 이미 실패를 예고하고 있다. 열정은 소멸되고 심장은 멈추어 선 것이나 다름없다. 겉도는 인생이 된다. 삶의 권태가 찾아오면 식욕이 없어지고 사는 맛이 사라진다. 마치 낡은 레코드가 느릿하게 돌아가듯이 삶의 활력이 없다. 매사에 흥미를 잃게 되면 궤도를 이탈한 우주선과 같다.

누구에게나 지루함은 찾아온다. 늘 새로울 수는 없다. 처음과 같은 마음이 자동 시스템으로 작동되면 얼마나 좋을까? 그러나 동일한 일을 반복하면 인간의 뇌 활동은 점차 위축된다. 아무리 재미있는 놀이라도 지루해지는 것이 인체 구조의 특성이다. 인간만이 아니다. 동물도 반복해서 무엇인가를 시키면 더 이상 하지 않으려고 한다. 처음에는 신명이 났는데 어느 날 식상해지고 나도 모르게 무료해지는 현상이 생긴다. 지루함으로부터 탈출해야 한다. 지루한 일상을 그대로 두면 위험하다. 찾아온 권태를 이상한 방법으로 일탈하려고 하다 보면 더 큰 위기를 맞게 된다.

처음 마음 기억하기

인생은 처음 마음을 유지하는 싸움이다. 처음과 같은 마음을 유지하기만 하면 위대한 인생이 펼쳐진다. 탁월한 인생을 산 사람들의 특징은 늘 소년 같은 얼굴을 하고, 호기심과 열정에 사로잡혀 있다는 것이다. 날마다 하는 일을 신기한 듯, 흥미를 잃지 않는다. 자신이 하는 일에 질리는 기색을 보이는 법이 없다.

자신이 하는 일에 늘 새롭게 흥분해야 한다. 나를 즐겁게 해 줄 사람은 바로 나 자신이다. 내가 나를 자극해야 한다. 가끔은 여가 시간을 내야 한다. 늘 하던 일과는 전혀 다른 일에 일시적으로 몰입하는 것도 좋다. 하루도 밋밋하게 맞이하지 않아야 한다. 지루한 감옥 생활에서 탈출해야 한다.

우리의 삶은 반복적이다. 해 아래에 새것은 없다. 지루하다고 매 순간 모든 것을 바꿀 수는 없다. 사실 일상은 사소함으로 엮어져 간다. 감동할 일을 찾아내야 한다. 작은 일에 감탄사를 터뜨려야 한다. 어제 일을 빨리 잊고 오늘을 새롭게 맞이하는 지혜를 터득해야 한다. 인생은 지루한 반복처럼 보이지만 자세히 보면 반복이 아니다. 삶은 매일 어딘가를 향해 가고 있다. 일상의 밋밋해 보이는 것들이 엮어져 아름다운 이야기를 만들어 가고 있다.

실패한 인생을 들여다보면, 처음 마음을 놓친 것이다. 어제와 오늘은 다른 날이다. 어제와 오늘의 나는 다르다. 마음이 중요하다. 아름다운 마무리를 하려면 해답은 의외로 간단하다. 늘 처음처럼, 신선하고 풋풋한 마음을 유지하는 것이다. 처음 시작할 때의 마음을 유지하는 것은 위대한 일이다.

37
당신은
아주 특별하다

감동을 주는 특별함

언젠가 만난 적은 있는데 도무지 기억해 낼 수 없는 사람이 있다. 식사까지 했다고 하는데 영 생각나지 않을 때 난처하다. 기억력의 문제일 수도 있지만, 상대에게 인상적인 것이 없었다고 할 수도 있다. 지극한 평범함, 그야말로 '노멀(Normal)', 그 이상도 이하도 아니다. 스쳐 지나간 것이다. 반면에 헤어지고 난 뒤에도 오랫동안 여운이 떠나지 않는 사람이 있다. 기억의 창고에 저장된 것이다. 감동을 받을 만한 것이 있다면 잊기 힘들다. 감동은 평범함을 넘어선 곳에서 온다. 특별하지 않으면 눈길을 끌기 힘들다. 사람들이 많이 찾는 식당은 대개 한 가지에 승부를 건다. 여러 가지를 모두 잘하는 곳은 찾기 어렵다.

　사람들이 감동하는 것은 특별함이다. 기업에서 사람을 찾을 때 하나같이 비슷하다면 난감해진다. 이력서의 양식에서부터 인터뷰에 이르기까지 공식을 외운 것처럼 비슷하다면 선발할 이유가 없다. 첫인상에서부터 정형화된 분위기라면 금세 지루해진다. 사람들은 나와 비슷한 또 다른 사람에게 흥미를 느끼지 않는다. 사람은 규격품이 될 수 없다. 대량 생산된 상품과는 달라야 한다. 똑같은 사람은 세상에 없다. 같을 수도, 같아서도 안 된다. 인간은 각자 나름의 고유함과 독특함이 있다.

다름, 그 빛나는 가치

자신의 본래 모습에 자신 없어 하는 사람들이 많다. 자신감의 부재는 모방에 집착하게 한다. 세상은 흉내 내는 기술로 난무하다. 세상은 거대한 모방 학원과도 같다. 비슷해지기 위해 몸부림을 친다. 누구와 다르다는 것에 불안감을 호소한다. 다르면 왕따가 된다는 피해 의식을 가지고 있다.

처음에는 누구나 모방을 한다. 모든 학습의 출발은 모방이다. 모방에서 창조의 날갯짓을 하게 된다. 그러나 무제한적인 모방은 원본에 훼손을 일으킨다. 내가 아닌 남의 모습으로 산다는 것은 피곤한 일이다. 삶이 피곤한 것은 모방으로 인한 후유증 때문이다.

자신의 진짜 모습을 드러내야 한다. 최고는 내 안에만 존재하는 오리지널이다. 나만의 오리지널과 비교할 수 있는 것은 없다. 나의 나됨보다 더 나은 것을 보여 줄 수는 없다. 다름은 힘이다. 다름은 최고의 경쟁력이다. 나에게만 있는 것은 빛나는 보석이다. 희귀성은 거대한 자산이다. 오리지널은 카피 불가다. 유일한 것에 다른 것을 칠하는 것은 자해 행위가 된다.

매력은 나다울 때 생긴다. 나를 있는 그대로 드러내는 작업이 창조 행위다. 나를 나답게 살게 해야 한다. 독특함이 유별남으로 비춰질 수 있지만 숨기지 않아야 한다. 흉내를 내면 평범함에 묻혀 아류가 된다. 나만이 가진 오리지널은 누구도 넘볼 수 없는 신성의 영역이다. 창조주의 섬세한 손길에 세공된 원석이 있다. 그것을 감추려 하지 않고 드러내는 작업은 각자의 몫이다. 자신만이 가진 것을 찾아내야 한다. 숨겨져 있거나 억눌려 있던 것을 발산해야 한다. 나로 춤추게 하는 것, 흥분하여 지칠 줄 모르게 하는 것, 신이 나서 밤을 너끈히 새워 보게 하는 것, 사람들에게 "너는 그것을 위해 태어난 것 같다"는 이야기를 들어 본 것, 누군가 하지 못하게 말리면 살고 싶지 않았던 것은 내가 인위적으로 만든 것이 아니라 이미 내 안에 깊이 박혀 있는 것이다. 누구도 제거할 수 없고, 무엇으로도 해체할 수 없도록 깊이 뿌리내린 것을 꺼내 놓아야 한다. 내 안에서 숨을 죽이고 있는, 세상의 눈치를 보며 억눌린 단 하나의 것을 방출해야 한다.

나다움을 드러내는 일에 당당해야 한다. 주저하며 눈치 볼 필요가 없다. 나를 나답게 표현할 때 매력적이다. 자신감을 가져야 한다. 나다움이 어떤 것이든 두려워하면 안 된다. 자기 자신을 거부하는 것은 나를 만드신 창조주를 무시하는 일이다. 내가 나를 사랑하고 안아 주는 일부터 시작해야 한다.

내가 아닌 다른 사람의 옷을 입은 것 같은 어색함을 내던져야 한다. 나의 나다움에 박수를 쳐 주라. "넌 특별해. 넌 세상에서 유일해" 하고 인정하는 순간 삶은 빛을 발하기 시작한다. 환산할 수 없는 존재의 가치가 발휘된다. 영혼의 자유가 찾아온다. 사람들이 나로 인허 놀라게 된다. 나만의 그 별남이 아름답게 드러나는 순간, 남을 따라 살다 지친 삶은 종식된다. 세상이 관심을 가지고 환호하는 것은 나다워지는 것이다.